MAR   2017

EL TSUNAMI DE MI VIDA

Claudia Tangarife Castillo

El tsunami de mi vida

Una historia inspiradora de
liderazgo y transformación

GRUPO ZETA

Barcelona • Madrid • Bogotá • Buenos Aires • Caracas • México D.F. • Miami • Montevideo • Santiago de Chile

1ª edición: agosto 2016
© Claudia Tangarife Castillo, 2016
© Ediciones B Colombia S.A., 2016
Cra 15 Nº 52A - 33 Bogotá D.C. (Colombia)
www.edicionesb.com.co

ISBN: 978-958-8951-93-5
Depósito legal: Hecho
Impreso por: Editora Géminis S.A.S.

El 'tsunami' de mi vida

> *"La mente que se abre a una nueva idea,*
> *jamás volverá a su tamaño original"*.
>
> Albert Einstein

Sobrevivir al devastador 'tsunami' de Tailandia de 2004 inspiró a Claudia Tangarife Castillo, una ejecutiva con más de 25 años de liderazgo en empresas multinacionales de la industria de la Salud, a transformar su vida, a recorrer otros caminos de esperanza y a encontrar una poderosa luz interior.

Aquella calurosa y remota mañana del 26 de diciembre, Claudia debía tomar un ferry en las islas Phi Phi con su hijo Daniel, de 25 años, con quien se encontraba de vacaciones. El destino retrasó sus planes, aún nadie sabe por qué ni lo sabrá, y la encontró preparándose para salir del hotel cuando un ruido como de cientos de gorilas king kong rugiendo, se apoderó del lugar y una veloz y gigante ola, del tamaño de un edificio de cinco pisos, arrasó con lo que encontraba a su paso, terminando con la vida de 280.000 personas.

La cima agreste, selvática, hostil y calurosa de una montaña se convirtió en su refugio y el de más de 130 personas, a las que Claudia -enfermera de profesión- asistió y curó sin darse cuenta de que ya nada volvería a ser igual. Poniendo a prueba su capacidad mental, física, emocional y su poder interior, días más tarde logró regresar a Colombia con su hijo y reunirse con su familia.

A pesar de estar a salvo en Colombia, el 'tsunami' siguió persiguiéndola día y noche, sumergiéndola en horrorosas pesadillas que se repetían como las olas furiosas del 'tsunami', hasta revolcar su vida íntegramente. Poco a poco, fue haciendo un camino de toma de conciencia, de reflexión e indagación del que rescató importantes aprendizajes sobre cada una de sus vivencias en Phi Phi, que la impulsaron a cambiar en las diferentes áreas de su vida.

Si bien ella hacía años había alcanzado grandes logros -según los términos socialmente establecidos- la fuerza de la naturaleza la conectó con su esencia más primitiva, humana y humilde, y la llevó no sólo a redescubrir su propósito de servicio, sino también a comprender lo que, para ella, realmente tiene valor en esta vida. El 'tsunami' marcó un antes y un después que ha iluminado su existencia de amor al prójimo y a sí misma.

El despertar de su conciencia a lo largo de un cautivador relato vivencial contagia e inspira al lector a tomar contacto con su propio potencial, para ser creador de posibilidades y lo invita a iniciar un camino de transformación, renovación permanente y autoliderazgo que se traduce en productividad, emprendimiento, trabajo en equipo, disfrute por el hacer y calidad de vida.

Tanto en su libro como en sus conferencias, Claudia demuestra cómo en momentos de gran dificultad, de abismales encrucijadas, el ser humano se reconoce, empodera y fortalece su espíritu y es capaz de superar sus propios límites, seguir adelante y llegar a donde se lo proponga, siendo feliz más allá de las circunstancias. Su testimonio transmite que aunque hay momentos en la vida en donde creemos que todo está perdido, que pareciera perderse la voluntad y la fe, "siempre hay caminos". Sólo depende de ti.

Índice

Agradecimientos

Este libro va dedicado a las personas más importantes de mi vida: mis hijos, Daniel y Juan Carlos, a quienes adoro y admiro. Llegaron a mi vida siendo yo aún una joven estudiante universitaria de enfermería y se convirtieron en mi motor para "salir adelante" -término que obedecía a los preceptos sociales y culturales de esa época- y son los responsables de quién soy hoy.

Mis hijos han sido mi alegría, mi orgullo, mis maestros, mis amigos y mi razón de ser. Dany, con un corazón más grande que él mismo, es pura generosidad y respaldo incondicional hacia todos. Juanito es un maestro, un guerrero y el más maravilloso padre y ser humano, cuya sensibilidad desbordante lo mantiene en una búsqueda continua hacia el encuentro con su divinidad. Agradezco su existencia y compañía en este camino. ¡Gran parte de mi aprendizaje y crecimiento como ser humano se la debo a ustedes, hijos!

Agradezco a mis padres por darme la vida. A mi madre Raquel (QEPD) por transmitirme su ternura, generosidad, risa, humildad y vocación de servicio y a mi padre Manuel, por su positivismo, su capacidad de reírse de la vida, su recursividad y su frecuente y mágico pregón: "Todo está en la mente".

Gracias a mi hermana Adriana, mis hermanos, mis tías y al resto de mi familia, a mis amigos y a todas aquellas personas que caminaron conmigo en algún momento de mi vida profesional, así como también a mis amores pasados. De todos he aprendido.

Gracias a mi amiga, confidente y compañera de sueño para escribir este libro, Anita Falbo, talentosa periodista argentina, con una capacidad de escucha y conexión admirables, capaz de captar mis ideas y plasmarlas en el papel. Ella me acompañó en todo el proceso de estructuración, escritura y corrección del libro, pero más allá de eso, reconozco en ella a una gran amiga y a un ser humano excepcional.

Me tomó 10 años escribir este libro… ¡Aún me cuesta creerlo!

Este libro fue hecho para ti que, por alguna razón, lo tienes en tus manos. Disfrútalo y toma de mi experiencia lo que te sirva.

¡Es un honor para mí que me acompañes en esta aventura!

Prólogo

Las cosas lindas de la vida nos toman por sorpresa. Al menos eso pienso a veces. En este caso, así fue. La historia de Claudia me atrapó en el segundo en que recibí el 'mail' con la propuesta de hacerle una nota. Una sobreviviente del 'tsunami' de Tailandia contando cuánto había aprendido de aquella vivencia. Me encontré con una voz a través del Skype que me hizo llorar, emocionar, reír y hasta logró que se me pusiera la piel de gallina y en más de una oportunidad despertó todos mis sentidos y viví su experiencia como si estuviese en una película en 3D.

Esa entrevista me conectó con las historias de vida que tanto me gustan escuchar y escribir y me dejó pensando sobre cómo podría hacer que mis artículos fueran así para sentir siempre esa satisfacción del trabajo disfrutado. Imaginarán que cuando Clau me contactó para que colaborara con su libro no me costó nada decir que sí.

Su historia tenía mucho qué decir. Y no sólo por haber sobrevivido al 'tsunami', sino porque Clau es una persona que tiene mucho aprendizaje para transmitir y mucha luz para todo aquel que siente un poquito de sombra. En mi experiencia personal, aprendí muchísimo de ella y con ella. Aprendí sobre mí y aprendí sobre los demás.

Su autenticidad, su humildad y cuidado hacia el otro son un ejemplo para mí y me provoca mucha admiración. Creo que la mayoría de los aprendizajes que me llevo de todos estos meses de trabajar juntas, fueron de escucharla y observarla. Ella no alecciona, sólo comparte vivencias para que uno las transforme en aprendizaje.

"Cada quien tiene su proceso", repite Clau, quien no busca interceder en el camino de nadie, solamente compartir quien fue y es ella y cómo su camino recorrido la llevó a conectarse con esas cosas importantes de la vida de las cuales la vorágine del día, la ignorancia y los miedos nos alejan.

Ella habla en carne propia y ofrece lo que tiene para quien esté preparado a tomarlo. En mi caso, fue una experiencia increíble y hoy me siento una mujer diferente. Me hizo crecer, me hizo pensar, me hizo imaginar, me hizo creer y descubrir mundos nuevos para mí. Deseo, desde lo más profundo de mí, que todo lo que Clau produjo en mí, lo vivan todos aquellos que lean este libro. Magia es la palabra.

Espero que disfruten El 'tsunami' de mi vida y puedan sentirlo tan propio como ajeno.

Ana Falbo

Ana Falbo. Estudió Relaciones Internacionales con la intención de seguir la carrera diplomática, pero el periodismo la capturó apenas terminó su primera licenciatura. De esta forma, luego de realizar una Maestría en Periodismo en el diario La Nación y la Universidad Torcuato Di Tella, comenzó a trabajar en diferentes medios importantes en la Argentina como el diario La Nación, El Cronista Comercial, TN.com.ar, Perfil, la revista inglesa *Time Out*, entre otros. Hoy combina la escritura con el coaching a través de sus trabajos periodísticos, y sigue formándose para acompañar a las empresas y personas en sus procesos de cambio.

Introducción
Abrazando la vida

"Estoy aquí, únicamente, para ser útil.
Estoy aquí en representación de aquel que me envió.
No tengo que preocuparme por lo que debo
decir o hacer, pues aquel que me envió, me guiará".

Un curso de milagros[1]

"Señor, tengo sed". El hombre me miró asombrado y visiblemente conmovido. Su rostro severo clavó en el mío una mirada triste, muy triste, a pesar de la rudeza de sus ojos amarillos y sus facciones bruscas. Su respuesta silenciosa me indicó que mi destino tenía, en ese momento, el mismo color de la tragedia que envolvía a más de 280.000 personas, entre muertos y desaparecidos del peor 'tsunami' de la historia.

---

1.   Un curso de milagros de Helen Schucman y William Thetford.

Era el mediodía del 27 de diciembre de 2004. Hacía pocas horas, menos de 26, una descomunal pared de agua, de la altura de un edificio de cinco pisos, había llegado hasta la puerta del Bungalow donde me hospedaba con mi hijo Daniel. En segundos había acabado con todo. Arrasó con la vida y los sueños de más de 10 mil personas, entre nativos y turistas, de las islas Phi Phi, en la costa sur de Tailandia.

La inmensidad y el poder de aquella ola también golpeó a otros países asiáticos y hasta africanos. En total, fueron al rededor de 230.000 muertos. Cuando pienso en esas pérdidas humanas, me pregunto cómo fue posible que Dany y yo nos salváramos de ser devorados por la ola. De desaparecer de la faz de la Tierra. Ya sea por obra del destino o de Dios, siento que no es casual que hayamos quedado vivos.

Mi garganta pedía agua. Mi sed era infinita. Era un ruego empujado por la debilidad de mi cuerpo. Para ese entonces, mi visión era borrosa y mi espíritu el más humilde del universo entero. Por primera vez en mi vida, yo, una mujer exitosa y acomodada, me veía en la necesidad de mendigar un sorbo de agua y una camiseta para poder cubrir mi cuerpo.

Ni mi cargo de directora en una multinacional, ni mis postgrados en dirección Empresarial, Negocios y Mercadeo, ni el dinero que podría tener ahorrado cambiarían mi situación en ese momento. Lo material no tenía importancia; era efímero como la vida arrastrada por una hoja en el viento. Era una "damnificada" más y mis posesiones eran apenas un pareo, un bikini y mis ganas de regresar a casa.

Las vacaciones junto a mis dos hijos para festejar sus graduaciones universitarias se suponía debían ser una de las mejores de mi vida. Hoy puedo asegurar que si bien no fueron lo que esperaba, aún así las agradezco como sucedieron. El 'tsunami' del 26 de diciembre de 2004 sacudió mi vida en todo sentido. Me transformó tanto que hoy me siento una mujer diferente a aquella Claudia que viajó a Tailandia y más que una sobreviviente, me siento una mujer viva. Renovada.

Antes del 'tsunami' estaba sobreviviendo como muchos, en una carrera contra el tiempo, tratando de ser la mejor en todo, de no fallar, tener éxito, ser reconocida y siempre "salir adelante". El 'tsunami' fue el empujón que necesitaba para dejar atrás a la Claudia controladora, perfeccionista e imponente que lideraba en una multinacional a equipos y gerentes. En aquella montaña de Phi Phi, donde me refugié de las inmensas olas, renació "Clau", una nueva y mejor versión de mí misma.

El 'tsunami' despertó mi esencia y me conectó con ella. Esa esencia que yo misma había tapado con la cantidad de responsabilidades de la vida corporativa, dejándome abrumar y sobrecargándome, por mi perfeccionismo y mi querer controlar todo, producto de mis inseguridades.

Mi miedo a no estar a la altura del cargo, a equivocarme y a ser criticada cuando los resultados no eran "ganadores" y ese mandato aprendido hacia el "hacer" y el "tener", muchas veces, me hizo actuar de una forma que no era yo. Poco a poco y sin darme cuenta, me había convertido en una hacedora de rentabilidad y la seriedad que esto implicaba para mí, había apagado, en parte, mi alegría. Me había olvidado de vivir.

Hoy, cada vez que pienso y tomo conciencia de cómo logré sortear a la muerte en Tailandia, me invade una infinita sensación de gratitud y alegría de estar viva y también una mayor y profunda convicción de recrear mi vida en su totalidad, siendo la mejor Clau que pueda ser. Son estos motivos los que hacen que el 'tsunami' sea un antes y un después para mí.

¿Has vivido experiencias que te han marcado para toda la vida? A esas experiencias yo ahora las llamo *mis tsunamis* y estoy convencida de que todos las hemos vivido. Los 'tsunamis' son aquellos momentos que nos revuelcan. Esas situaciones que nos sacan de esa caja cómoda –que yo defino como "zona de estancamiento"– y nos enfrentan con dificultades que nos producen incertidumbre, temor, sufrimiento y enojo.

En mi caso, si bien viví, literalmente, el 'tsunami' de Tailandia, me animo a decir que la separación de mis padres cuando tenía

13 años, la enfermedad y muerte de mi madre, el dolor de mis hijos al divorciarme de su padre, mi segundo divorcio, la corrupción, la guerrilla y el narcotráfico en mi querida Colombia también fueron 'tsunamis' en mi vida. Todos esos momentos me sacudieron y dejaron grandes aprendizajes.

En este libro te compartiré mis enseñanzas a partir de mi viaje a Tailandia y cómo mi renacer como Clau me permitió darme cuenta que mi felicidad estaba en mí misma y no en lo que representaba, tenía o producía, ni en el reconocimiento de los demás.

Hoy disfruto y valoro más quién soy, transito la vida liviana de equipaje y balanceo mis tiempos entre familia, trabajo y gustos personales. También me equivoco, tengo miedos y me molesto, pero elijo corregir mis errores, no quejarme, juzgarme, culparme ni castigarme. Soy un ser humano que aún sigo aprendiendo a aceptarme y quererme como soy. Y entiendo que, en tanto lo haga conmigo, lo haré con los demás.

Abrazar mis 'tsunamis' y mis emociones y construir, de forma consciente, armónica y coherente lo que pienso, digo y hago me ha permitido ganar paz, plenitud y abundancia. A través de mi vivencia, aspiro a acompañarte a tomar mayor conciencia de tu propia luz, grandeza y potencial y a que te conectes con tus propios 'tsunamis', te mires cara a cara con tus temores, enojos y tristezas y pongas en pensamientos, palabras y acciones los aprendizajes que esas experiencias te dejaron.

Este espacio fue creado para ti para que, estés donde estés, estés como estés, te sientas como te sientas, te permitas ser y estar mejor. Todos estamos en el momento perfecto, el lugar perfecto y la situación perfecta para decidir ser nuestra mejor versión, así que ¡vamos para adelante!

¡Para algo estoy viva! ¡Para algo estamos vivos!

Espero disfrutes El 'tsunami' de mi vida.

1.

Un paseo en familia

*"La casualidad no existe. Todo pasa por algo,
y lo que no pasa, también es por algo".*

Estaba decidido, nos iríamos con mis hijos, Daniel y Juan Carlos, a Australia a celebrar sus graduaciones. Dany, con sus 25 años, estaba por terminar su maestría y Juanito, con sus 22, la universidad. Mis hijos ya eran prácticamente profesionales y estábamos cumpliendo una meta soñada como familia que, para mí, significaba el cierre de una etapa para los tres. Como madre era un logro ver cómo ellos crecían y se convertían en personas autosuficientes. Autónomas. ¡Así que debíamos celebrar! Estábamos ahorrando para darnos ese gusto. ¡Qué delicia!

Yo ya me veía en Sydney buceando con mis hijos. Podía sentir la arena, el sol y la brisa marina. Me veía untada de bronceador en la playa, observando con placer la inmensidad azul del mar, tomando un Bloody Mary y saboreando las muelitas de cangrejo que tanto me encantan. Me sentía super emocionada, como cuando definimos una meta y la sentimos realidad porque es como si ya estuviera sucediendo. No tenía duda de que ocurriría.

Además, hacer un viaje con mis hijos era el plan perfecto para sobrellevar o, más bien, desconectarme definitivamente de la tan dolorosa experiencia de mi segundo divorcio. Por más que me resistí a separarme, al final tuve que hacerlo. Habían pasado 16 años de mi primer divorcio, con el padre de mis hijos y nuevamente me había dado la oportunidad de apostar a tener esa familia soñada, pero, una vez más, me había equivocado. ¿Por qué no había logrado que alguien me amara lo suficiente? Con el tiempo respondí mi pregunta: para que alguien me quisiera lo suficiente, primero debía amarme a mí misma.

En ese momento la frase: "*Si es para ti, ni aunque te quites, y si no, ni aunque te pongas*", resonaba en mi cabeza. Debía entender que nada es nuestro, lo que aparece en nuestras vidas se disfruta mientras dure y se deja ir si llega el momento de hacerlo. No se trata de resignarse o de no soñar, sino de aceptar sin resistencia aquello que no podemos controlar. Lo que más me dolía era ver desmoronada mi ilusión de encontrar a ese compañero que caminara conmigo y me quisiera sin condición porque lo que realmente revuelca como un 'tsunami' es el derrumbe de las ideas y expectativas que ponemos en otros, que son sólo eso, ilusiones que ponemos en nuestra mente.

Así que era un gran momento de recuperar mi alma aventurera y pasar tiempo con mis hijos. Dany se había ido a Sydney a hacer una maestría en Finanzas. Había elegido Australia porque le parecía un país paradisíaco y lejano, lo cual se alineaba con su espíritu de trotamundos y emprendedor. Hablábamos todas las semanas y me contaba que en sus horas libres trabajaba para no tener que pedirle plata ni a su papá ni a mí. Primero, lo hizo cargando cajas en una bodega y después, vendiendo perros calientes en un centro comercial. Producir su propio dinero le permitía mantenerse a sí mismo, y además, comprarse una cámara fotográfica, que llevaría al ansiado viaje. Recuerdo que me decía: "Mami, no me mandes plata. Sólo quiero que me regales U$100 dólares para poder completar lo que cuesta la cámara".

Por otro lado, mi Juanito, seguía adelantando sus estudios de Administración de Empresas en la universidad, en donde cada semestre era reconocido como uno de los mejores alumnos de la promoción. Continuamente, pensaba en ser un profesional independiente. Le escuchaba decir: "Quiero tener mi empresa y ser mi propio jefe, manejar mi tiempo y ganar poco o mucho, pero sentirme libre". De alguna forma, él no quería ser como yo. Siempre me decía que yo era esclava de mi trabajo, que vivía estresada y quejándome del cansancio y de no tener tiempo.

Me criticaba que mi cabeza siempre estaba en otro lado y que interrumpía nuestras conversaciones por atender cosas del trabajo en tiempos de descanso. Me repetía que no hacía respetar mi tiempo y que los de la oficina se aprovechaban de mi "supuesta" responsabilidad. Reconozco que era verdad mucho de lo que decía, pero, en el fondo, yo lo hacía por miedo.

Temía no poder sostener mi cargo de directora en la empresa donde trabajaba y que a mis hijos les faltara algo. Hoy, viendo la película en retrospectiva, me doy cuenta de que si algo les faltó, fue más tiempo con su mamá. Dany y Juanito eran todo para mí, sin embargo, le dedicaba demasiado tiempo al trabajo. Me hubiera gustado que eso no hubiera sido así.

Nuestro soñado encuentro en Sydney se estaba acercando. ¡La íbamos a pasar de maravilla! Estaba todo programado y los tres teníamos claro que emprenderíamos una aventura inolvidable hacia el otro lado del planeta. Dany terminó su máster y Juanito estaba trabajando en su tesis de grado. Yo no había tomado vacaciones durante dos años porque quería acumular días para poder estar, por lo menos, un mes en Australia con ellos. Estábamos listos y había que celebrar y disfrutar.

¿Qué… Dany? ¿Cómo que no iremos a Sydney? ¡Pero estamos a un mes de viajar! ¿Iremos a Tailandia? El argumento de Dany era que él ya había estado dos años en Sydney y quería conocer el exótico país asiático, asesorado por sus amigos. Yo lo único que quería era compartir con mis hijos un paseo largo, para eso había trabajado duro. Sydney o Tailandia me daba igual, así que compramos los pasajes para Tailandia. Solté el destino, pero no el propósito del viaje, que era irme de vacaciones con mis hijos y compartir un tiempo junto a ellos.

Dany se encargó de organizar y coordinar los hospedajes. Se trataba de un paseo "aventurero" con "equipaje liviano", me repetía constantemente. Eso significaba que debíamos caminar mucho y dormir en hoteles para mochileros. Me dijo que comprara un morral grande, pero que no lo fuera a llenar de cosas que no iba a necesitar, como era mi costumbre. Me llamó unas cinco veces para advertirme que no quería escuchar quejas por el peso de la mochila, ni quería él terminar cargándola.

Por otro lado, para convencerme de llevar equipaje liviano, me decía que en Tailandia todo era muy barato y que debía dejar espacio para los regalos y la ropa que compráramos allá. Traté de empacar poco, pero era inevitable incluir mis productos para el pelo, cremas, maquillajes y ropa "por si acaso". Por suerte, el morral era bien grande y quedó algo de espacio para las compras que nos esperaban. De lo contrario, compraríamos otro morral allá para los regalos. No me importaba. Estaba feliz empacando y me daba risa de imaginarme el regaño que me iba a dar Dany cuando viera mi equipaje.

La ruta estaba decidida. La fecha estaba cada vez más cerca y mi emoción iba en aumento hasta que, a último momento, faltando solamente unos días para viajar, Juanito nos sorprendió con una noticia: se quedaría en Colombia. Decía que debía terminar la tesis. Yo, en el fondo, sabía que se quedaría solitario en la casa y estrenando novia. Esta vez no se trataba de un cambio de destino, sino que mi propósito del viaje estaba siendo vulnerado, pues uno de mis hijos no vendría a las tan planeadas vacaciones.

Me enojé, me angustié, lo entendí, y me volví a enojar y angustiar. En el fondo, sabía que debía respetar su decisión y aceptarla. Por más que fuera mi hijo, ya era adulto y él tendría sus razones para elegir no viajar. Igual, cómo me costaba interiorizarlo. Por momentos, hasta creía que tenía el derecho, por ser su madre, de obligarlo a viajar con nosotros. Es que era tan grande mi deseo de que fuera, que sentía que podía controlarlo todo, pero no… me equivocaba.

Le insistí a Juanito hasta última hora: "Será chévere ir juntos" "¿Cuándo lo podremos hacer de nuevo?" "Es solamente un mes. Vamos hijo". Su hermano lo llamó como 10 veces y tampoco logró convencerlo. Él estaba firme en su decisión. Yo sabía que debía entender que si no lográbamos convencerlo para que viniera, entonces nos tocaba respetar su elección. Dudé mucho ir y hasta puse a dudar a Dany. Al final optamos por seguir adelante con el plan. Hacía dos años que veníamos soñando con este viaje.

Me costó aceptarlo, pues me dolía que Juanito no viniera y que pasáramos Navidad y Año Nuevo separados. Con el tiempo comprendí que por alguna razón prefirió no viajar con nosotros en esa oportunidad. Y hoy pienso, mirando hacia atrás, que menos mal que no lo hizo. No quiero ni imaginar lo que podría haber pasado si el 'tsunami' nos hubiera encontrado a los tres allá.

Juanito es deportista y madrugador, mientras que Dany es rumbero y le gusta gozar la buena vida y dormir hasta tarde. En otras vacaciones, mientras Dany dormía, Juan y yo nos íbamos a caminar por la playa. Si eso hubiera ocurrido en Phi Phi, no estaría contando esta historia. Si algo nos salvó del 'tsunami' fue que yo me quedé esperando a que Dany se despertara para abordar el ferry.

Todo pasa por algo…

2.
Destino Bangkok

"Renunciar a convencer no significa debilidad,
sino ser lo suficientemente fuerte como para dejar ser".

Quedamos en encontrarnos con Dany en Bangkok, capital de Tailandia. Él me estaría esperando en el aeropuerto, sin embargo, mientras viajaba a Los Ángeles, mi primera escala, lloraba como una Magdalena. Un dolor inmenso me invadía el pecho, la piel y cada célula del cuerpo. Era un dolor de madre, como si me estuvieran desgarrando el corazón, producto de la impotencia que me provocaba haberme desprendido de mi hijo Juanito.

Me sentía partida en dos. Por un lado, me preguntaba cómo había podido tomar la decisión de hacer el viaje sólo con Dany y por el otro, me costaba entender cómo Juanito había querido quedarse. Me dolía tanto haberlo dejado como que él haya decidido no acompañarnos a último momento.

Tan pronto llegué a Los Ángeles, lo llamé por teléfono. Hablar con Juan me tranquilizó. Me dijo que iba a estar bien quedándose con su papá. "Mami, disfruta de Tailandia, ya haremos más viajes juntos". Se le escuchaba contento. Sus palabras me calmaron y poco a poco mi tristeza fue cediendo. Debía aceptar que no sería en esta oportunidad, sería en otra. Si bien seguía extrañándolo, decidí disfrutar el paseo con Dany.

Después de un largo y agotador viaje, llegué a Bangkok, donde él me esperaba. Nos abrazamos y se nos humedecieron los ojos de emoción. "Mami, trajiste mucho equipaje. ¿No ves que es plan guerrero?", me recordó. Yo ya estaba preparada para su reproche al ver mi morral y por dentro, moría de la risa, como si fuese una niña chiquita que había hecho una pilatuna. ¡Teníamos toda una gran aventura por delante!

3.

Plan aventurero

"A veces, simplemente, hay que dejarse llevar".

Dany ya había reservado nuestro hospedaje. Sin mi consentimiento, había decidido que dormiríamos en un hostal "guerrero" para mochileros. Gracias a que me negué a dormir en una habitación múltiple con extraños, nos instalamos en una privada con dos camas y un baño. El servicio incluía desayuno e Internet, así que, constantemente, enviábamos noticias a Colombia sobre nuestro periplo aventurero. Estábamos felices. Claro que extrañábamos mucho a Juanito y nos pasábamos el día diciendo: "¡Uf!… ¡de lo que se está perdiendo!". Pero bueno, él debía estar feliz en la casa con su papá y su novia nueva, pensaba yo.

Poco a poco fui entendiendo por qué Dany había querido ir a Tailandia o, al menos, por qué sus amigos le habían insistido tanto para que viajara. Más allá del exotismo que irradia su cultura, el país asiático era un paraíso de diversión sin límites. Sus calles estaban pobladas de cuerpos con múltiples brillos, bares, shows femeninos y muchas luces y colores. Desde distintos rincones, mágicamente, brotaba placer como un regalo de dioses.

La gastronomía tailandesa era tan variada que satisfacía a cualquier paladar con sus cucarachas y saltamontes fritos, tiburones, culebras, anguilas, raíces y hojas. El cangrejo en salsa de tamarindo era mi plato favorito y el arroz con huevo y camarón el de Dany. Degustamos muchos platos exóticos, así como sopas de mariscos y gran variedad de la fauna marina. No podía creer el tamaño inmenso de los frutos de mar, de los cangrejos y de una especie de langostinos, que tenían el largo del brazo de un adulto.

No recuerdo haber comido nada feo en ese país. Queríamos probar todo, aun ignorando qué animal estábamos comiendo. Cerrábamos los ojos… y a saborear. Las sopas eran insuperables y el pad thai[2] sorprendente. Las comidas nos parecían exquisitas. Daniel no me llevaba a restaurantes con mantel, sino a los mercados de las plazas y comederos de la calle porque decía que ahí estaba la comida típica tailandesa más auténtica y deliciosa. La verdad, tenía razón. Igual, debo admitir que alguna vez, fuimos a restaurantes más "normalitos", diría yo, debido a mi insistencia.

En la capital tailandesa visitamos castillos, templos, centros comerciales, calles, ríos, mercados flotantes[3] y hasta me tocó ir a una discoteca con Dany. Allí terminé bailando rock pesado con un tailandés. Mi hijo había conquistado a una tailandesa y yo ¿Qué podía hacer? Le llevaba como 10 años al muchacho, pero él estaba maravillado conmigo. Así, poco a poco, fuimos conociendo y disfrutando la cultura del lugar.

Anduvimos en tuk-tuk, esos triciclos motorizados, que son el auténtico símbolo de Tailandia. Sus primeros modelos fueron

---

2.   Uno de los platos más conocidos de la cocina tailandesa. Consiste en un wok con base en fideos de arroz con huevos, salsa de pescado, salsa de tamarindo, pimiento rojo y cualquier combinación de brotes de soja, gambas, pollo o tofu.

3.   Los mercados flotantes están formados por muchos botecitos que se detienen en los canales de la ciudad de Bangkok para vender flores, frutas, verduras y otras comidas.

importados desde Japón en los años sesenta y se fueron haciendo cada vez más populares en Bangkok; son ideales para circular por las estrechas callejuelas de la ciudad. Además de ser ecológicos, son un encanto para los turistas.

Un día fuimos de compras a una especie de bazar en donde vendían ropa de marca a precios increíblemente bajos. Decidimos comprarle regalos a la familia porque pensábamos que una vez fuéramos a la playa, no nos quedaría tiempo para hacer shopping, así que era mejor finiquitar ese asunto. Además, podríamos gastarnos la plata restante en comida y diversión.

Se me había metido en la cabeza que debíamos comprarnos un cinturón plano para guardar los pasaportes, algo de plata y la tarjeta de crédito. De esa forma, siempre tendríamos "lo básico" con nosotros. Pero no encontrábamos uno por ningún lado hasta que de pronto, vi uno rojo con negro colgado de un gancho y dije: "¡Es ese!". Dany lo miró. Su NO fue rotundo. "¡Mamá…! ¿Para qué vas a comprar esa lobera⁴ de cinturón?" cuestionó. "Dany, es el único que hay y es mejor cargar con lo básico en el cuerpo. Uno nunca sabe". Aunque mi respuesta no lo convencía, lo compramos con la condición de que yo, "la mamá anticuada", lo cargara.

Luego de cinco días en Bangkok, partimos hacia Phuket, la "meca del turismo de playa". Esta provincia en la costa sur de Tailandia es la isla más grande y conocida del país. Al tener acceso por carretera realizamos el trayecto en bus. Fue un lindo recorrido de unas 14 horas en donde conocimos parajes, paisajes y seguimos disfrutando la deliciosa comida del país asiático.

Llegamos a Phuket a la madrugada y un tuk-tuk nos llevó a un hotel que quedaba a una cuadra y media de la playa. Menos mal que conseguimos ese hospedaje porque, por supuesto, no teníamos ninguna reserva hecha al tratarse de un "plan aventurero". En ese hotel dejé en donación el libro *El código Da Vinci* en español. Cuando pienso en el 'tsunami', me imagino el libro

---

4.   Algo de mal gusto y baja categoría.

flotando, pues nos enteramos que el mar entró a ese hotel y quedó todo destruido. De esa también nos salvamos.

El paisaje de Phuket era divino. Los atardeceres y amaneceres eran maravillosos y sus playas lindísimas y un mar exótico de diferentes tonos azules y verdes. La mayoría de las mujeres tomaban sol haciendo topless[5]. Verlas tranquilas de la vida, aun con celulitis y sin ese pudor que me inculcó mi madre, me impulsó a comprarme un bikini. Mi vestido de baño enterizo parecía de otra época y además quería broncear mi barriga. Sabía que estaba un poco pasadita de kilos y que mis piernas tenían algo de celulitis, pero qué me importaba. Me quería comprar un bikini y ¡así fue!

"Mamá ¿Cómo te vas a poner un bikini?", fue lo primero que me dijo Dany, quien terminó siendo mi asesor de imagen durante las tres horas que estuve probándome, desfilando y descartando varios modelos. Para él todos se veían bonitos, pero a mí ninguno me gustaba. Al final, no me dio su opinión, pero sí me advirtió: "Cuando estemos caminando por la calle, anda por la otra senda porque no quiero que crean que eres mi novia. Si no, no levanto". Escuchar eso me hizo sentir hermosa, única. Dany me veía bonita y eso me daba más ganas de usar el bikini, aunque cuando el 'tsunami' me encontró con él puesto, haberlo comprado ya no parecía una brillante idea. Hubiera preferido mi traje de baño anticuado.

Andando por las calles de Phuket me llamaba la atención señores mayores de 60 años caminando de la mano con niñas tailandesas de unos 13 a 15 años aproximadamente; las mismas que luego en la playa ofrecían masajes a los turistas. Fue duro notar que el negocio de la trata de niños era tan gigantesco como inimaginable.

Por la noche, se veían en los bares a muchos hombres chorreando baba frente a esas niñitas que les bailaban y hacían su trabajo. Clientes rusos, japoneses, alemanes, croatas, escoceses y de otros países iban directamente a "comprar" y "consumir". Vendían por catálogo los servicios de estas niñas y niños. El mundo parecía

---

5. Topless es cuando la mujer en la playa viste únicamente calzón y de la cintura para arriba va desnuda.

indiferente al evidente comercio sexual y abuso de menores. Esto me hacía sentir una mezcla de dolor, compasión, rabia, angustia e impotencia. Me quería ir. No podía aceptar lo que veía y quería cambiar de ambiente. "Vámonos de Pucket, Dany. Ya no me gusta este lugar", le dije.

Buscando unas playas más familiares y con vida deportiva, elegimos viajar a las islas Phi Phi, donde Leonardo DiCaprio filmó su película *La Playa*. Hicimos una excursión en lancha rápida para pasar el día que comenzaba a las 8 de la mañana y finalizaba a las 17hs. El paseo me encantó tanto que me quería quedar en esas islas. Definitivamente, era otro ambiente y el paisaje era increíble, pero habíamos dejado las maletas en Phuket, pues teníamos pago dos noches más de alojamiento, así que nos regresamos.

Recién la mañana del 23 de diciembre dejamos el hotel y nos dirigimos con nuestros morrales a un café con Internet para avisar a Colombia que estábamos bien y que nos iríamos a otra playa, aunque todavía no habíamos decidido si continuaríamos nuestro paseo hacia Camboya u otro sitio. Dany estaba escribiendo el correo cuando una voz femenina interrumpió: "¿Ustedes son colombianos?". Ambos volteamos a mirar y al unísono le respondimos: "¡Sí…!" y comenzamos a hablar en español. Por fin alguien hablaba nuestra lengua.

La joven, también colombiana, nos comentó que iba a pasar Navidad en la isla de Phi Phi. A Dany le bailaron los ojos cuando ella dijo que iría con tres amigas de su edad. Una rumana, otra japonesa y una suiza. Imagínense a un muchacho de 25 años de vacaciones con la mamá un mes entero. Por supuesto que terminamos viajando, de nuevo, a Phi Phi a pasar la Navidad con las nuevas amigas de Dany.

A mí la isla y sus playas me habían fascinado, me hacían sentir más cerca de Leo DiCaprio y Dany tendría compañía para salir de rumba y divertirse; sin pensar demasiado, nos tomamos un ferry a Phi Phi, aunque esta vez no había cupo en lancha rápida, entonces tuvimos que tomar el más lento que tardó cinco horas e implicó viajar sobre maletas, tanto propias como ajenas.

4.
¡De nuevo en Phi Phi!

"Si no subes la montaña,
jamás podrás disfrutar el paisaje".

Una vez más estábamos en Phi Phi. De las cuatro islas que forman este pequeño archipiélago, nosotros llegábamos a Phi Phi Don, la más grande y la única habitada. ¡Qué belleza! Era un paisaje soñado que combinaba el esplendor de sus playas con esa arena blanca, el agua verde marina con sus peces de diferentes colores, tipos y tamaños y esas impactantes piedras gigantes emergidas en ese mar cristalino. Todo estaba ahí al alcance de nuestros ojos.

Los isleños se caracterizaban por su amabilidad y sonrisa. Se esmeraban por hacer sentir al turista muy especial y lo trataban como si hubiera llegado al paraíso esperado y la verdad, sí que lo era. De un momento a otro, apareció quien sería nuestro guía, un muchacho de unos 16 años, delgado, con pelo liso y oscuro, vestido con una pantaloneta vieja blanca que le llegaba hasta la rodilla y una camiseta azul, raída y sucia en el cuello. Estaba descalzo y tenía sus pies polvorientos como si hubiera ido y venido llevando turistas a sus hoteles.

Nos cautivó con su amplia sonrisa de dientes perfectos, su cordialidad y capacidad de presentar opciones de acomodación. La oferta hotelera en la isla era bastante amplia, desde grandes resorts hasta pequeñas cabañas de madera, pero era víspera de Navidad y quedaban muy pocos hoteles disponibles. El guía nos condujo al único bungalow con cupo al pie de la playa. "Son $3.000 bahts[6] la noche", nos dijo. Eran hileras de casitas frente al mar para hospedar a familias enteras con niños.

"Es el último que me queda", nos presionó. La opción para mí era perfecta, pues yo quería despertar y ver el mar frente a mis ojos. Sólo pensarlo me transportaba al disfrute y al relax, pero Dany le preguntó: "¿Qué otra opción tiene?". El guía nos señaló unas cabañas ubicadas sobre la falda de una pequeña montaña, que estaban a unos 300 o 400 metros de la playa. "Esos cuestan $1.800 bahts", agregó.

"Es este. Quedémonos aquí", le pedí a Dany. "Mamá, arriba es más barato", me respondió, intentando convencerme para que nos hospedáramos en los bungalows de la montaña. "Démonos un gusto. ¿Para qué he trabajado toda mi vida?", le reclamé. Había ganado algunas noches de restaurantes con mantel, sabía que podía lograr el hotel frente a la playa. "Mamá, la montaña es más chévere", insistió Dany.

---

6. La moneda oficial de Tailandia. En el 2004, 3.000 bahts eran unos 77 dólares aproximadamente.

Mi última jugada estaba en mi dolor de rodilla que venía sintiendo hacía unos días. En Colombia el médico me había diagnosticado osteoartrosis. Me dolía la rodilla y no quería caminar. No es sino que nos diagnostiquen algo para que nos duela más. "Todo esta en la mente". "No, Dany es que me duele la rodilla", me quejé. "Mami, ¡sé guerrera! Sólo es un poquito lo que debemos caminar. Vamos a esos bungalows que están allí arriba. Con la plata que ahorramos, podremos comer todos los cangrejos que tanto te encantan", me persuadió mi hijo, quien, una vez más, había ganado. ¡Me vendí por un plato de cangrejos al tamarindo!

En el recorrido hacia el bungalow caminamos entre comercios, tiendas de buceo, sitios de internet, restaurantes, hoteles de no más de cuatro o cinco pisos de altura y miniteatros, en donde presentaban la película *La Playa*, que luego fuimos a ver. Muchos de esos mercados eran hechos con toldos y tenían sus mostradores al aire libre repletos de mariscos gigantes y tiburones pequeños, listos para escoger y preparar deliciosos platos.

Yo quería entrar a todos los almacenes, pues me había enamorado de la ropa tailandesa; especialmente su colorido y la forma en cómo las nativas se amarraban los pareos en la cintura, pero Dany me insistía para que caminara más rápido hacia el hotel de la montaña. Sabía que quería apurarme para reunirse con sus amigas, así que le hice "huelga". Me detuve y le pedí que además de atender "su agenda social", también hiciéramos las cosas que me gustaban a mí, entre ellas, shopping. Al ver que accedió al acuerdo, aproveché para agregar ir a restaurantes con mesas y mantel. Era mi oportunidad de abandonar por un momento los mercados populares.

Al final del camino nos encontramos, sobre la ladera de la montaña, con una escalera angosta y empinada, construida con piedras y arcilla. Recuerdo que la baranda estaba hecha con cuerda y palitos, lo que resultaba bastante inestable para subir con los morrales los ocho metros de altura que nos separaban de la recepción del hotel, que se encontraba al final de la escalera. Ideal para mi dolor de rodilla, me quejaba internamente.

En la recepción nos encontramos con el dueño del hotel, un tailandés de unos 50 años; acompañado de sus hijos y su esposa embarazada balanceándose en una silla mecedora. Era un conmovedor cuadro familiar. Su amabilidad y su contagiosa sonrisa, como la pintoresca cabaña con dibujos de aves y palmeras a su alrededor, hicieron imposible rechazar el hospedaje. Nos registramos y con la ayuda del joven guía iniciamos una caminata hacia nuestro bungalow, el número 15.

Serían unas 20 cabañas en total, a tres metros de altura del suelo y a cinco metros una de otra, unidas por un puente colgante construido con palos de madera y cuerda de cabuya. Heme allí tambaleando por el puente con el morral en la espalda y quejándome de mi rodilla. Heme allí como una mamá resignada y amorosa. "Ay mamá, sé guerrera", continuaba diciéndome Dany con la vitalidad de sus 25 años.

Finalmente, llegamos al bungalow. Nuestro nuevo hogar, al menos hasta Navidad, era precioso y muy cómodo. Tenía una cama doble, un lindo baño, una ventanita y un balcón. Dany tenía razón ¡La vista era espectacular! Se podía ver toda la isla. Había valido la pena la caminata.

Desde el balcón se veían nítidos los colores del mar y sus gigantes piedras que, por momentos, despedían brillos de plata por el efecto del sol. Se veían los hoteles, las innumerables sombrillas de colores frente a la playa y hasta un cultivo de peces a la distancia. La vista panorámica abarcaba, de un lado y del otro, a grupos de casitas de nativos, que sobresalían entre los árboles y la vegetación selvática. Eran como 15 viviendas de techo redondo de paja de distintos tamaños, formando como pequeñas aldeas.

Además, se apreciaba un angosto camino de tierra bordeando la montaña, por el cual, transitaban campesinos sudorosos con sombreros anchos jalando carretillas y carretas con pescados, frutas y verduras para vender. Al otro costado había niños jugando y escuchábamos sus gritos y risas muy cerca. Escuchábamos el coro de la inocencia lejos de todo mal y peligro.

No había ni una sola nube y el azul claro del cielo contrastaba con los tonos del mar. Un extraño silencio reinaba en el paraíso. El paisaje era una mezcla entre la magnificencia del océano, sus rocas gigantes, los caminos angostos, sus altos árboles, el color, la vida, la alegría, los nativos y su cultura. Una belleza inédita que admirábamos desde nuestro balcón de madera, a unos seis metros de altura.

Una vez acomodados en el bungalow, nos fuimos a la playa a encontrarnos con las amigas de Dany. Ellos se reunieron en grupo a hablar en inglés y a reírse de todo, mientras a mí me tocó leerme otro libro y echar ojo a ver si veía alguien de mi edad para conversar. Si bien en eso no tuve suerte, me sentía muy cómoda, relajada, tomando cocktail y disfrutando del paisaje y de mis deseadas vacaciones.

Íbamos a todas partes juntos, Dany, sus cuatro amigas y yo. Desa-
yunábamos, almorzábamos y cenábamos juntos. Pasamos Noche
Buena al aire libre en un restaurante frente a la playa, rodeado de
antorchas, con velas en cada mesa y una tarima frente a nosotros
llena de luces en la que se presentaron diferentes grupos musicales
durante la noche. Algunos de estos músicos estaban vestidos de
rockeros, tenían rastas en el pelo y sus caras pintadas de colores.
Era una cena loca y diferente.

Me sorprendió que, en un momento, se escuchara música parecida a la nuestra, latina. Ahí comenzamos a bailar y recuerdo que varios franceses, alemanes, brasileños y de otras nacionalidades, nos siguieron y se armó una fiesta muy divertida. Nos turnábamos de pareja, hacíamos trenes y bailábamos todos como si nos conociéramos de siempre.

A media noche, para recibir la Navidad, los tailandeses tienen la costumbre de prender grandes faroles y lanzarlos al aire, así fue como el cielo se iluminó con luces que venían de todas partes. Estrellitas fugaces copaban el firmamento. Ese espectáculo fue exultante. Se me apachurró el corazón de emoción y a la vez de nostalgia por no tener a Juanito con nosotros. Fue una noche de alegría, luces, música y baile en la isla.

El 25 de diciembre, durante el día, disfrutamos de más playa, mar, brisa, música, sol, mariscos y relax. Ese día los hoteles habían puesto filas y filas de sombrillas de colores que iban de lado a lado de la isla y para cuando llegamos ya no quedaba ninguna libre, pues estaban todas ocupadas por familias enteras. De milagro conseguimos un poco de sombra bajo un árbol.

Era el sitio turístico ideal, aunque ese día el mar se había alejado de la playa dejando a la vista las algas marinas y algunas embarcaciones que estaban casi sobre la arena. Nos pareció raro, pero no le dimos importancia y caminamos por el agua que nos llegaba a los tobillos. Por más que recorriéramos una gran distancia mar adentro, este no nos llegaba más arriba de nuestras rodillas. Los niños y papás estaban felices porque no representaba ningún peligro. Claro que ignorábamos que el retraimiento del mar es una señal de que habría un 'tsunami'.

Esa noche volvimos a salir de parranda. Nos fuimos a la discoteca "Carlitos", donde ofrecían exquisitas bebidas exóticas. La música y la rumba se hallaban en su máximo esplendor. Había muchas jóvenes bonitas y a Dany parecía que le gustaban todas. Él no quería que se acabara la noche, pues estaba consiguiendo más amistades femeninas. Le costaba trabajo administrar tantas mujeres entre sus amigas de viaje y sus nuevas pretendientes. Luego me enteré que se obsesionó con una inglesa.

A mí me gustaba que él se divirtiera. Antes de viajar a Tailandia había terminado una relación en Australia con una brasileña, quien, entre otras cosas, se quedó con la cámara que había comprado con sus ahorros y los U$100 dólares que yo le había regalado; entonces entendía que estaba "pasando la tusa", superando su momento de duelo y que no quería más que divertirse y darse gustos echándose sus canas al aire.

A media noche, para mí la fiesta había terminado, pues estaba muy cansada y decidí irme a dormir. Al otro día partiríamos temprano en el ferry de las 9hs, hacia Pucket para luego ir a Camboya, así que era mejor descansar para madrugar. Antes de irme de la discoteca, le advertí a Dany: "No te trasnoches que mañana debemos madrugar ¿Sí?". "Sí, sí", me respondió, concentrado en la rumba y sus amigas. "Promete que llegarás máximo en una hora. Yo te conozco", le pedí. "Sí, sí, mamá. Ahorita voy".

5.

La furia del mar

"La vida es muy frágil y en un instante
podemos perderla. En un instante todo
puede cambiar. El momento es ¡Ya!".

No sé qué habrá hecho Dany ni dónde habrá estado, pero llegó al bungalow… a las 6 de la mañana y se fue directo a la cama. Conociéndolo le dije que mejor no se acostara, o no llegaríamos a tomar el ferry de las 9hs. Mis pregones no funcionaron. Intenté levantarlo, pero no hubo caso. Fue imposible que abriera sus ojitos. Claro, perdimos el ferry de las 9hs y luego el de las 10hs.

"Dany, levántate que vamos a perder el ferry de las 11", le repetí desconsolada una vez más. Todavía nos quedaba hacer el *checkout* del hotel. Esta vez lo logré. Al fin se levantó. Eran las 9.45hs. Él se estaba cepillando los dientes mientras yo terminaba de empacar los champú, las cremas y todos esos frascos llenos de mejunjes que a las mujeres nos encanta cargar. Mi mente estaba en otro sitio. Pensaba que ahora que mis hijos ya estaban graduados y más grandes, era mi momento de disfrutar al máximo mi vida, relajarme y dedicarme a mí para vivir mis más locos y profundos sueños.

Ya estaba lista con mi bikini, mi pareo atado a la cintura, mis gafas de sol sobre la cabeza, unas sandalias y una hebilla para amarrar mi pelo crespo. Me estaba poniendo la cámara en el cuello cuando comencé a sentir una especie de vibración, seguida de un ruido que iba en aumento y que me sacó de mis ires y veníres de pensamientos desordenados. El sonido era tan fuerte como si 100 gorilas King Kongs estuvieran rugiendo a la vez. Era imponente y paralizador, un rugido infernal que sentí en todo el cuerpo y que nunca olvidaré.

Aterrorizada, me asomé al balcón para ver qué estaba ocurriendo. Una inmensa pared de agua azul grisácea oscura de la altura de un edificio de cinco pisos venía hacia nosotros velozmente. A su paso, arrasaba hoteles, viviendas, sombrillas, personas y todo lo que tenía por delante. Recuerdo cómo la gente corría con todas sus fuerzas. Aun así el agua se los devoraba. Parecían hormigas frente a tanta inmensidad y una enorme boca de agua los engullía a una velocidad inimaginable.

No puedo olvidar la niña de unos ocho años que venía andando en bicicleta. Estaba como distraída y no alcanzó a ver la ola que destruyó una casita que la tapó por completo. Un señor alto, fornido, con la cabeza totalmente pelada y una pantaloneta roja hizo su mayor esfuerzo para correr y evitar ser devorado por la ola. Luego confirmé que tampoco lo logró. Cabañas, vegetación, palmeras, comercios, todo, arrasado por la ira de la naturaleza.

Dios debía estar furioso, fue lo primero que pensé, producto del paradigma religioso aprendido en mi infancia que me hacía creer que el horror frente a mis ojos se debía a un castigo divino por la trata de niños que vimos en Phucket. Había personas que impotentes huían de la ola, otras quedaban inmóviles y aunque parezca raro, algunas corrían directamente hacia ella. El caos era total. Seguramente en esas circunstancias extremas se pierden las perspectivas y nos dirigimos sin saberlo a las huestes sorpresivas de la muerte.

Mi vista era panorámica. En tan sólo unos segundos pude ver lo que sucedía de lado a lado de la isla. Mis ojos quedaron petrificados, mi piel erizada, mi pecho aprisionado y mis piernas con la sensación de estar balanceándose sobre un abismo. Yo quedé paralizada al tiempo que llamaba a Dany con todas mis fuerzas, aunque no estoy segura de que haya salido sonido de mi boca o era mi cuerpo el que gritaba desde lo más profundo de mí. Era una sensación muy rara, como cuando sueñas que quieres avanzar y tu cuerpo no va a la velocidad que tú quieres, o intentas gritar y no te sale la voz. Parecía que todo pasaba en cámara lenta.

Ya fuera por mi llamado o por el rugido del mar, Dany llegó a mi lado y sentí que me cogió bruscamente del brazo e inmediatamente gritó: "Dejemos todo mamá...¡¡Corramos!!". Cuando giré para huir, instintivamente, estiré mi mano y agarré de una punta el cinturón rojo con los pasaportes que estaban sobre la cama. Nos echamos a correr y saltamos, mejor dicho... ¡volamos! de la cabaña hacia la montaña cogidos de la mano. Recuerdo que iba arrastrando el cinturón por el suelo, pero no lo soltaba. Todo ocurrió en cuestión de segundos.

Corrimos por la montaña lo más rápido que pudimos. No sé cuántos metros recorrimos, tal vez unos 40 metros cuesta arriba. El rugido nos hacía sentir que teníamos la ola pisándonos los talones. No hacíamos más que correr. Ni pensábamos en mirar hacia atrás. Era imposible. No había tiempo. Sólo alcanzaba a decir "Dany" y él respondía "Aquí". Era nuestra forma de comunicarnos y saber que seguíamos juntos en esa carrera contra la muerte. Un segundo de distracción y el mundo se acababa para nosotros. Lo más importante era que mi hijo estuviera a salvo y sabía que Dany también quería protegerme.

Creo que mientras avanzábamos, nuestra comunicación pasó a ser telepática, pues llegó un momento en el cual no podíamos ni hablar del cansancio y la agitación, pero seguíamos comunicados.

Yo lo sentía y él me sentía a mí. Mi corazón iba a reventar. Mi garganta estaba cerrada y mi boca seca. Ya no me pasaba más aire. La sensación de ahogo era muy fuerte. Recuerdo el retumbar de cada pisada que hacíamos y el ruido de la maleza seca quebrándose a nuestro paso. De un momento a otro, el ruido del mar paró y nosotros también. Todo quedó en silencio. No se oía ni el zumbido de un mosco ni el canto de un sólo pájaro en el universo.

¿Has escuchado el silencio? Qué poder tenía ese silencio. Era el aquí y el ahora en su máxima expresión. Parecía que nos quisiera decir algo, como si tuviera un significado. El tiempo se había detenido, no había pensamientos en mi cabeza y sentí conectarme conmigo y lo que había a mi alrededor, más allá de mis sentidos. Tuve claridad y plena conciencia de estar viva. Todo esto duró apenas un instante.

No veíamos a nadie más. Parecía como si Dany y yo fuéramos las únicas personas en esa isla y qué tal si también en el mundo. Con mi hijo nos miramos, sin decir nada. Estábamos con miedo, agitados, desconcertados. ¿Qué estaba pasando? Sabíamos que era algo grande e inimaginable, pero aún no entendíamos ni asimilábamos de qué se trataba.

Estando allí, recuerdo que me amarré el cinturón plano con los pasaportes en la cintura, miré a Dany y al mismo tiempo, dijimos: "Devolvámonos por las maletas". Con la sospecha de que estábamos tomando un gran riesgo, pero sin dudarlo, nos dirigimos al bungalow por los morrales para salir de la isla lo antes posible.

La montaña era pequeña, pero empinada y estaba poblada de arbustos y plantas con espinas, por eso regresar al bungalow nos costó trabajo. Además, aún estábamos en shock, aunque, a pesar del pánico que sentíamos, creo que ni mi hijo ni yo nos dejamos ganar por el miedo. Era un "pánico controlado". En medio de la situación, el terror y el dolor, estábamos atentos y alertas para lograr sobrevivir. Si bien esa era nuestra prioridad, nos devolvimos por nuestras pertenencias, una decisión realmente absurda frente al peligro que corríamos.

Cuando llegamos al bungalow, nuestros ojos no podían creer lo que estaban presenciando. El mar había llegado a nuestros pies. Desde el balcón de la cabaña podíamos ver la tragedia y los cuerpos muertos de hombres, mujeres y niños, en su mayoría turistas. Personas ahogadas y manos saliendo del agua, tratando de agarrarse de algo en donde solamente había mar. Por supuesto que los ocupantes que estaban en el ferry, en el cual debíamos estar Dany y yo, "seguro" fueron tragados por ese mar… Eso nos dijeron los Tailandeses sobrevivientes.

La imagen de esas personas luchando contra el mar por una bocanada de aire más, me hacía sentir su ahogo. Era un terrible círculo surcando mi mente. Aún hoy siento que me falta el aire cuando lo recuerdo. Y es como si mi cuerpo viviera esa misma asfixia y yo no pudiera hacer nada. Esa era la sensación que teníamos. Nos sentíamos impotentes para ayudar, no había nada que pudiéramos hacer.

Todo esto sucedía simultáneamente. Parecía como si todo se hubiera detenido para que observáramos lo que estaba ocurriendo. El mar, expandido en toda la isla, se veía amenazante, profundo y al acecho y en algunos sitios el agua iba formando una especie de corriente que se oía igual a un río desbordado, como cuando está crecido y choca con las rocas. Su comportamiento nos hacía creer que en cualquier momento volvería a atacar. El peligro era inminente. Nos sentimos aislados y solos. Nuevamente, me invadió el miedo de que fuéramos los únicos sobrevivientes.

6.

"Mami, dame tu morral"

"La vida siempre nos da otra oportunidad de hacer las cosas bien. Pero, por si me equivoco y hoy es todo lo que nos queda, me gustaría decirte cuánto te quiero".

Gabriel García Márquez

"Qué tragedia tan gigante", dijo Dany. "Vámonos", me ordenó con un tono imponente que escondía su desesperación. "Pero ¿Para dónde Dany?" le pregunté. A nuestro alrededor sólo había mar y muertos. El agua se había tragado la isla entera. "Para algún lado, pero salgamos de aquí", insistió. Cargamos nuestros morrales al hombro y salimos por el puente colgante que comunicaba a las pocas cabañas que aún quedaban de pie.

Comenzamos a escuchar unos gritos: "¡Help! ¡Help!"[7]. Era una familia, de unas ocho personas entre adultos y niños, que iban

---

7.   Help significa ayuda en inglés.

saliendo del agua para agarrarse de un techo de paja que sobresalía del mar al cual trataban de treparse, sin lograrlo. Queríamos ayudarlos. Teníamos que sacarlos de ahí. Pero, ¿cómo? No había ni un palo ni una cuerda para arrojarles. Ellos seguían gritando en medio de ese caos.

Estaban como a más de 10 metros de nosotros y en el medio, ese mar furioso que se interponía y representaba un gran peligro. No teníamos cómo ayudarlos, pero nos dolía dejarlos. Qué decisión tan dura: debíamos seguir. Yo no era capaz de mirar atrás. No pudimos ayudar a la familia. No sé si se salvaron. Me sentía culpable, angustiada y asustada. Esa imagen permanecerá en mi memoria toda la vida ya que me hizo sentir en toda su magnitud, mi propia vulnerabilidad y la impotencia ante la fuerza incontrolable de la naturaleza.

A medida que íbamos avanzando por el puente, veíamos cómo de los bungalows vecinos, salían personas desconcertadas que ignoraban lo sucedido. Unos estaban desnudos, otros en ropa interior como recién levantados, otros con una toalla en la cintura, al parecer salidos de la ducha. Eran unas 12 o 15 personas que salieron desorientadas de tres cabañas del hotel. Estaban pálidos y con los ojos muy abiertos. Expresaban pánico e incredulidad al ver que, en vez de hoteles, playa y comercios, ahora tenían frente a ellos la inmensidad del mar y numerosos cuerpos tirados al borde de la montaña.

De repente, inició el rugido de los kingkongs. No podía ser posible, pero sí, otra vez el sonido del mar arreciaba con toda su furia. El pánico, nuevamente, se apoderó de nosotros y Dany gritó: "¡Corran a la montaña!". Las personas de los bungalows, como autómatas, obedecieron la orden.

Henos ahí, otra vez, corriendo cuesta arriba entre matorrales espinosos y malezas. Ahora cargando los morrales y empujando nalgas ajenas para ir más deprisa. Otra vez esa sensación de miedo total. Creí que esta vez sí moriríamos. La vida al parecer nos cercenaría otra oportunidad.

Veía cómo las personas se cortaban sin piedad sus pies y piernas con las piedras del camino y las espinas gigantes de los arbustos, que eran del tamaño de un dedo meñique. Las heridas eran irregulares, sangraban con facilidad, pero parecían no producir dolor. Es que el pánico de la ola persiguiéndonos anulaba cualquier otro percance maligno. Sobrevivir era lo único que importaba. Milagrosamente, ni mi hijo ni yo, tuvimos heridas.

Dany venía detrás de mí. Cada uno con su morral al hombro, como si fuera parte integral de nuestros cuerpos. A pesar de que me estaba ahogando por el esfuerzo de la carrera y sentía que el corazón iba a reventar, no se me ocurría soltarlo, pues no tenía otra opción. Con Dany seguimos comunicándonos. Creo que, otra vez, lo hacíamos de forma telepática porque el ahogo no me permitía hablar. "Dany", "Aquí", "Dany", "Aquí".

En un momento, Dany debió verme tan cansada que me dijo: "Mami, dame tu morral". En plena carrera, se lo entregué. Ahora sí podía correr a más velocidad. Pero… "Dany", "………", "Dany", "……". Dios mío, mi hijo no me respondía. ¡Dany, respóndeme!

La angustia más indescriptible que jamás sentí se había apoderado de mí. Mi Dany no me respondía. ¿Dónde estás? ¿Por qué no me contestas? ¡Hijo, suelta las maletas! ¿Cómo se me había ocurrido ir por las maletas? ¿Cómo había puesto en riesgo a Dany por los morrales? Debía haber sido más fuerte y no haberle entregado el mío.

Mis pensamientos retumbaban en mi cabeza, pero no podía mirar atrás, ni detenerme. No había tiempo. Tenía personas detrás empujándome y el mar acosándonos con su ruido voraz sin compasión. Todo esto ocurría en cuestión de segundos, aunque a mí me pareciera una eternidad. Recuerdo que mi ahogo llegó al máximo nivel y no tenía claro si estaba viva o muerta. Dany, por favor, contéstame. Dany, dime algo. Dany…

Finalmente, llegué a la cima de la montaña, pero sin él, mi hijo amado. Mi ahogo continuaba y mi visión era borrosa. Recuerdo a un grupo de jóvenes tailandesas llegando con bebés recién nacidos y a la gente que se subía a los árboles, como micos, en busca de un mejor refugio para escapar del agua.

La montaña no parecía ser suficiente frente al amenazante mar y no quedaban ramas desocupadas. Igual, no pensaba treparme en un árbol. Lo único que me importaba era encontrar a Dany. Seguía llegando gente muy asustada, herida y pálida como una pared blanquísima, pero él no aparecía. Yo giraba en el mismo lugar buscándolo, mientras todo me daba vueltas. Creí desfallecer en cualquier instante.

No sabía si bajar por él, esperarlo ahí o qué hacer; si bajaba, tampoco sabía por dónde hacerlo. Continuaba preguntándome si estaba viva o muerta. O todo era una pesadilla y aún no despertaba. No me dolía nada, pero mi angustia aumentaba hasta la desesperación. Mi vida entera pasó frente a mis ojos. La imagen de los piececitos de mis hijos muy chiquitos recorrió mi mente. De un momento a otro, los vi más grandes y vestiditos iguales para ir al colegio. Me escuché decir: "Cuiden sus loncheras. No las van a perder". "Cepíllense los dientes". "Tiendan sus camas". "Recojan su ropa" y miré sus caritas con los ojos bien abiertos e inocentes ante tanta demanda.

Tal vez fui muy estricta. Tal vez dediqué mucho tiempo al trabajo y me faltó tiempo para ellos. Me faltó observar más sus manitos, abrazarlos más, celebrarles más sus proezas de niños, decirles cuánto los quería y lo orgullosa que me sentía por sus logros.

Seguía llegando gente y yo no veía a mi Dany por ningún lado.

Sentí que lo había perdido!

Me faltaba decirle lo orgullosa que me sentía por sus logros!

Me faltaba darle un abrazo más y decirle que lo quería.

Y mi juanito?… Me faltaba expresarle lo importante que era para mí; decirle que confiaba en él; que lo entendía; que lo adoraba.

Qué le iba yo a decir?; que perdí a su hermano?… por unas maletas?…

Dios mío Dany aparece… no estaba,… no lo encontraba… pensaba lo peor!!!

Quería pedir perdón a mis niños por mis equivocaciones de madre, por mis exigencias, por no admitirles errores y entregarles responsabilidades tan pesadas para su edad. ¿Qué estaba esperando para ser más enfática a la hora de expresar a mis hijos lo que sentía por ellos y manifestarles mi orgullo y admiración? Estaba dejando lo más importante para después.

7.

"Volver a la vida"

"Para poder avanzar,
hay que soltar y alivianar el equipaje.
Solamente con las manos vacías podrás
agarrar algo nuevo y sentir la libertad".

Me repetía a mí misma, una y otra vez: "Perdí a mi hijo y todo por las maletas". Pensaba lo peor y me atormentaba la idea de que Dany no las soltara. ¿Cómo lo había permitido? Sentí la fragilidad de la vida y cómo en un instante todo puede cambiar. Ya no tendría oportunidad de decirle a mi hijo cuánto lo quería.

¿A quién le pediría consuelo? ¿Quién me ayudaría? ¿Dónde estaba mi Dany? Sentía el dolor y la angustia de haber perdido a mi hijo, pero también podía sentir el dolor y angustia de toda esa gente que estaba a mi alrededor. Muchos de ellos lo habían perdido todo en un par de segundos. ¿Qué derecho tenía yo a quejarme? Estábamos frente a la misma impotencia.

De repente, sentí una mano firme que cuidadosamente tocó mi hombro y oí su voz. "Mami, aquí estoy". ¡Era mi Dany! ¡Me había encontrado! Sentí como si hubiera vuelto a la vida. Mi corazón lloraba y reía al mismo tiempo. Mi pecho se expandió de emoción, todo se iluminó de nuevo y sentí una inmensa gratitud: mi hijo estaba conmigo. Nos dimos el abrazo más grande de mi vida y nos fundimos el uno en el otro. Éramos uno y aunque el mar seguía rugiendo, para nosotros no existía nada a nuestro alrededor.

En ese abrazo, sentí cómo mi vulnerabilidad se mezclaba con una sensación de compasión conmigo misma, con gratitud y alegría. Era la mujer más privilegiada del mundo, la más rica y bendecida, dando y recibiendo el amor puro en ese contacto tan profundamente sentido con mi hijo. No sé cuánto tiempo duramos abrazados.

"Mami, perdóname, tuve que soltar los morrales. El mar venía con mucha fuerza", me dijo. "Perdóname tú hijo". No podía creer que casi lo había perdido por aferrarme a las maletas. Realmente, pudimos haber muerto. En los morrales estaban los tiquetes, el dinero, nuestra ropa y los regalos que habíamos comprado. Con el tiempo comprendí que esas maletas, más allá de su valor material, representaban mi necesidad de ser la mujer poderosa y de no perder el control aun en medio de un tsunami.

Para mí esos morrales simbolizan las cargas emocionales que la Claudia de antes, sin darse cuenta, solía poner sobre sus hombros porque temía no merecer, no ser capaz ni ser lo suficientemente buena en algo. Me costó mucho tomar consciencia de que todo estaba en mi mente y que todos esos bultos no eran más que creencias e ideas que traía de experiencias y mandatos sociales y familiares, que ahora llamo "morrales". Comprender esto me permitió poder soltar ese peso.

Hoy siento que cuanto más liviano es el equipaje, mejor se avanza y se fluye con la vida. Has pensado en algún momento ¿Qué morrales estás cargando que limitan tus sueños y te impiden reconocer lo que realmente vales? ¿Te has puesto a reflexionar sobre cuál es el costo que estás pagando por no soltarlos?

8.

Refugio en la montaña

*"Está en mí la responsabilidad de aceptar las cosas que
no puedo cambiar, mantener la serenidad para cambiar las
que sí puedo y tener la sabiduría para reconocer la diferencia".*

Eran las 10 de la mañana y el día estaba soleado. El intenso y
seco calor se sentía en la piel. Todo había pasado muy rápido
y el rugido del mar continuaba escuchándose de fondo. Con
Dany nos habíamos salvado de las olas gigantes y ahora estábamos
juntos, pero no estábamos solos. En la montaña había más de 130
personas de todas las razas, edades y nacionalidades. Estábamos
desconcertados ¿Qué estaba pasando?

La mayoría de las personas estaba trepada en los árboles debido a la inminente sensación de que el mar podía llegar con su
furia hasta donde estábamos. No había otro lugar adonde ir, ya
estábamos en la cima y si el agua llegara a la montaña acabaría

con nosotros."¿Qué hacemos Dany? Los árboles están ocupados" le pregunté a mi hijo sin esconder mi preocupación, que iba en aumento. El ruido del mar continuaba atemorizándonos y en la montaña, todos permanecíamos en silencio, un silencio sepulcral, a causa del miedo y de la expectativa de que en cualquier momento el mar volvería y arrasaría con todos. Esta vez, sí que no había otro sitio hacia dónde ir.

Dany intentaba tranquilizarme. Su primera propuesta fue que me amarrara a un árbol con mi cinturón plano. Pero ¿Cómo? y ¿Qué pasaría si venía el mar y no podía soltarme? Mi solución era quedarnos cerca de los árboles y si una nueva ola venía, entonces nos subiríamos a ellos como fuera, aunque yo sabía que no tenía tanta fuerza como para hacerlo. Ya había visto la potencia del mar, que había demostrado ser implacable. Nos mantuvimos parados cerca de un árbol no sé cuánto tiempo por temor a que el agua llegara hasta donde estábamos nosotros.

"Debemos avisarle a Juanito que estamos bien", le dije a Dany, quien, con mayor cordura, me respondió: "Mamá concéntrate en este momento. Primero tenemos que ver cómo salvarnos. No te pongas a pensar en eso, pues estamos completamente incomunicados. Ni siquiera sabemos bien qué pasó ni qué pasará".

Más tarde, unos tailandeses, que tenían una radio con la que se comunicaban con otros nativos, nos explicaron que se trataba de un terremoto que había ocasionado un 'tsunami' y que podría venir otro debido a posibles réplicas. Fue ahí que comenzamos a comprender que se trataba de un maremoto de una dimensión incalculable. Era difícil de asimilar, pues jamás habíamos escuchado la palabra 'tsunami' en la isla, ni nadie nos advirtió que podría ocurrir, ni siquiera habíamos oído sirenas.

El 'tsunami' más grande de la historia nos había tomado por sorpresa y acabado con muchas vidas. Personas que, inocentemente, estaban en la playa descansando, desayunando, trabajando o en sus cabañas durmiendo desaparecieron en cuestión de segundos. Me preguntaba si el 'tsunami' podría haber tapado la Tierra porque nadie sabía decirnos si el agua había azotado a otros lugares. De todos modos, tenía la esperanza y casi certeza de que no había pasado nada en Colombia.

Pensaba en Juanito; pronto se enteraría que hubo un 'tsunami' donde estábamos nosotros, porque él es fanático de escuchar noticias día y noche y quería avisarle que estábamos vivos para que no se preocupara. Pero ¿Cómo avisarle? Me provocaba mucho dolor no poder decirle que habíamos sobrevivido.

Durante las vacaciones veníamos intercambiando correos a diario. Le íbamos contando sobre nuestras aventuras, incluyendo anécdotas y lugar de ubicación. El último mensaje fue la noche anterior en el cual le decíamos que en la mañana siguiente nos iríamos de la isla de Phi Phi en ferry hacia Phucket. Si se enteraba del 'tsunami' y además no recibía noticias nuestras, iba a pensar lo peor. Lo cual sucedió. Quería evitarle ese sufrimiento por no saber de nuestra suerte, pero Dany tenía razón, ni siquiera sabíamos si saldríamos vivos de allí y los pronósticos no eran favorables: aún se esperaban réplicas.

9.
Dar y Recibir

"Vivimos en el mundo cuando amamos.
Sólo una vida vivida para los demás merece la pena ser vivida".

Albert Einstein

El sol seguía fustigándonos la piel con toda su fuerza mientras el cielo se conservaba claro y sin nubes. Más personas seguían llegando a la montaña. Debido al calor y a la carrera escapando de la ola, con Dany comenzábamos a sentir sed, pero preferíamos no pensar en agua. Era mejor así, pues nos dimos cuenta que de esa manera distraíamos a nuestra mente y la sed se apaciguaba. De alguna forma nuestro cuerpo mantenía reservas como respuesta para sobrevivir. Sin embargo, sabíamos que conseguir algo líquido era fundamental, sobre todo para las tailandesas que estaban con sus bebés lactantes. ¿Cómo los amamantarían? Ellas sí necesitaban tomar agua.

Con el paso de las horas –no sé cuántas porque no tenía reloj– el mar se fue calmando y la gente comenzó a bajarse de los árboles. Parecía que el peligro inminente había pasado. No sé cómo habían logrado subir a esos árboles tan altos porque bajar les costaba trabajo y nosotros los ayudábamos a hacerlo. Dany iba de árbol en árbol dándoles su mano para que pudieran saltar hacia el suelo y les preguntaba cómo estaban. Menos mal que el inglés era hablado por la mayoría de las personas.

"Ese señor está desnudo y se siente muy incómodo", le dije a mi hijo que, como tenía un bóxer y una pantaloneta, se le acercó sin dudarlo. En dos minutos el hombre y Dany salieron sonrientes de entre los arbustos, especialmente el señor, ya libre de vergüenza. No sabía cómo agradecerle a Dany su acto de generosidad y solidaridad. Yo observaba eso con los ojos húmedos y pensaba en cuántas pantalonetas descansarían en el clóset de esta persona y cómo, ahí, en la montaña, luego de semejante tragedia, cualquier trapo adquiría un inmenso valor.

A Dany se le ocurrió con otro voluntario bajar de la montaña en busca de algo de tomar y comer, principalmente, para las madres lactantes. "¿Qué… Dany? No mi Dany, es muy peligroso", me negué. ¿Cómo se le ocurría ir directo al epicentro de semejante tragedia?

Quiso convencerme diciendo que iba con un señor moreno de pelo largo, bien corpulento y musculoso. Aun así el terror se apoderó de mí. "No Dany, por favor. No vayas. No quiero que te pase nada. Tú no eres Rambo", le insistí. "Tranquila mamá, no me va a pasar nada", me dijo.

Pero, ¿quién nos aseguraba que otra ola no volvería a atacar? Además, él debía obedecerme, pues yo era su madre. Sin embargo, mi hijo estaba empecinado en ir por agua y comida. "Mamá, llevo dos años viviendo sólo ¿Ahora quieres imponer tu autoridad? Tranquila, voy a conseguir algo de agua. Tú quédate en este árbol", me ordenó. Por más que le rogué y le supliqué que no lo hiciera, se fue prometiendo volver.

Habrá demorado una hora, pero para mí fue una eternidad. Tenía mucho miedo de que vinieran más olas y perderlo esta vez. Finalmente, regresó sano y con provisiones: una botellita de agua potable, un botellón con más agua -aunque no era para beber- un paquete de papas fritas que encontró flotando, una almohada y una sábana blanca.

Las noticias que trajo Dany eran desgarradoras. "Es una tragedia gigante mamá. No quedó nada. Prepárate". En la actualidad, Dany sigue sin contarme qué fue lo que vio y cuando le pregunto, desvía la mirada, se queda en silencio y su rostro se entristece. Es como si algunas imágenes llegaran a su mente y prefiriera no recordarlas.

En la montaña, todos agradecieron el acto de valentía de Dany y su compañero y repartimos las provisiones entre las más de 130 personas que nos hallábamos allí. Tomamos un sorbito de agua y comimos un pedacito de papa por persona. No sé cómo, pero alcanzó para todos. Es que cuando nos tocaba el turno de tomar de la botella solamente pensábamos en la sed de los demás y nos cuidábamos de beber lo mínimo posible para humedecer los labios. Nadie tomó más de la cuenta.

En medio de tanto horror y miedo, lo mejor de las personas se exacerbaba y salía de ellas, mejor dicho de nosotros, espontáneamente la bondad, la compasión, la generosidad y el amor. Es increíble la energía que nos dio ese trocito de papa frita ¿O era nuestra mente? El cuerpo responde a lo que pensamos y lo comprobamos en carne propia.

En la montaña éramos todos iguales. Ahí no valía raza, ni nacionalidad, ni idioma, ni color, ni edad, ni sexo. Estábamos frente a la misma tragedia: sobrevivíamos y compartíamos el agua y las papas así como el mismo miedo a que viniera una nueva ola y acabara con nuestras vidas.

Buscando protección se nos unieron a Dany y a mí tres mujeres de entre 17 y 22 años, y formamos un grupo de cinco, en el cual yo parecía "la mamá gallina". Las jóvenes se mantenían muy cerca de nosotros y no nos perdían de vista. Seguían nuestras instrucciones y hasta por momentos, me abrazaban temblorosas. Una era de Lituania, otra de Bélgica y la tercera era nuestra amiga la rumana, con la que habíamos pasado Navidad, que también logró llegar a la montaña un tiempo después que nosotros. La rumana estaba descontrolada del pánico y nos costó mucho tranquilizarla, pero logramos que se fuera calmando poco a poco.

Comenzamos a observar que había mucha gente herida. Una de las tailandesas estaba semiinconsciente, como aturdida. Tenía un golpe en la cabeza y su cabellera negra era un revuelto de sangre y maleza. Sangraba mucho a tal punto que se le escurría la sangre por la cara y no le permitía ver. "Ay Dany, esa mujer está muy golpeada. Ayudémosla", le dije.

Con mímica, les expliqué a las personas que estaban con ella que yo era enfermera y les pedí permiso para revisar su herida. Se alejaron un par de pasos en silencio, lo cual me dio la pauta de que habían aceptado mi ofrecimiento. Me acerqué a la joven lastimada y comencé a examinarla. Ella, a pesar del dolor que esto le producía, no emitía sonido. Su silencio me parecía un ejemplo de serenidad, aunque temía que perdiera la conciencia.

Tenía una herida irregular en el cuero cabelludo de unos seis centímetros. La lavé con el agua del botellón y como no podía suturar por falta de elementos, tomé su pelo y como si fueran hilos, fui amarrando diferentes mechoncitos de un lado y otro de la herida, haciendo que esta se fuera cerrando. Es una sutura de urgencia que había aprendido en una brigada de salud en un pueblo de pocos recursos en Colombia.

La limpieza dolía, pero ella manejaba el silencio sin quejarse. Era como si se concentrara para minimizar el dolor. Todos sus compañeros tailandeses me miraban y se mantenían presentes como cuidándola. Aprendí de la serenidad, autocontrol y ante todo, la aceptación frente a las circunstancias. Las culturas orientales aceptan el dolor porque sostienen que con él se aprende y se evoluciona.

En esa montaña mi vocación y formación de enfermera salió a flor de piel. Estuve desde la tarde hasta la noche sanando heridas. Con el agua del botellón y pedazos de pareo y camisetas comencé a limpiar las lesiones del resto de las personas que también estaban lastimadas. Les quitaba la tierra, los fragmentos de espinas y vidrios, y les hacía vendajes. No sé a cuántos hombres y mujeres atendí en total, pero no sentía cansancio ni sed ni hambre.

De forma espontánea estábamos unidos asistiendo a los heridos con generosidad y compasión. Habíamos armado una especie de campamento de primeros auxilios en la montaña. Dany ayudaba a organizar la fila, otros ayudaban rasgando pareos para vendajes, otros echando agua a la herida, otros conteniendo o consolando a los heridos. Todo salió del corazón y la esencia de cada uno.

La cooperación y el trabajo en equipo se hacían evidentes. Estábamos conectados y logrando una verdadera sinergia, lo que hacía que la gente sacara lo mejor de sí. Se veían increíblemente felices, sintiéndose útiles al estar al servicio de los otros frente a tanta necesidad, dolor y temor. A pesar de no conocernos y ni siquiera hablar el mismo idioma, el respeto por el dolor ajeno era algo sagrado.

Cuando quedaban pocos heridos para atender, Dany comenzó a distraerse con nuestra amiga belga y andaban de un lado a otro, muy cariñosos, como si se conocieran desde hacía mucho tiempo. Yo tenía que llamarle la atención para que no se desenfocara en ayudar a organizar a la gente. Aún no habíamos terminado. Él estaba embobado con la joven y ella con él. En un momento dado le dije: "Jack, pon atención", pues parecía Leonardo DiCaprio en el *Titanic*, así que los bauticé como Jack y Rose[8].

Rose había viajado a Phi Phi a pasar vacaciones con su prometido. La mañana del 26, él se había ido a bucear y ella a desayunar a un restaurante. Cuando llegó la ola, la belga corrió hacia la montaña y no supo más nada de su novio, entonces Dany la consolaba. Admito que se veían lindos juntos y vivían un momento idílico en medio de semejante situación, pero Dany se había vuelto un referente en la montaña y lo necesitábamos para terminar de organizar "el campamento de primeros auxilios".

---

8. Jack y Rose son los protagonistas de la película *Titanic*, de James Cameron, interpretados por Leonardo DiCaprio y Kate Winslet.

Se me pasó el tiempo centrada en las curaciones. Sentí que fluía y volví a experimentar mi misión de servicio, la misma que me había llevado a elegir ser enfermera. Realmente me apasionaba acompañar a las personas en su proceso de sanación. Ahí comprendí que cuando nos conectamos con esa esencia que todos tenemos dentro y hacemos lo que tanto nos gusta y nos hace vibrar, perdemos la noción del tiempo y nos sentimos plenos. Cualquiera sea la actividad que desarrollemos, si le encontramos sentido, no sólo nos alegra el corazón sino que, además, el resultado de lo que hacemos es extraordinario.

Alcancé un nivel de empatía tal con esas personas que experimenté su dolor, su miedo, su tristeza y su paz. Si bien no las conocía, sentía un profundo amor, respeto y admiración al verlas tan valientes soportando el dolor de la curación sin quejarse, sólo agradeciendo. Asistir a esos seres heridos calmaba mi miedo y tristeza generados por la tragedia.

Sentía que debía ayudarles con lo que podía, para algo estaba ahí, para algo había elegido ser enfermera. Me sentía privilegiada de estar con ellos y poder ayudar. En cada curación sentía cada vez más paz y un profundo sentimiento de amor. En el fondo, en cada curación, más allá de sus lesiones físicas, estaba sanando sus heridas del alma y al mismo tiempo, las mías.

"Vemos a Cristo en cada persona que tocamos, cada persona a la que brindamos ayuda tiene Su rostro", decía la Madre Teresa de Calcuta. ¿Cuántas veces has tenido la posibilidad de dar a través de gestos, que pueden ser insignificantes para ti, pero de inmenso valor para el otro? A veces se trata, tan sólo, de regalar una sonrisa, dar un sentido agradecimiento o un reconocimiento, decir "lo siento" o una palabra amable. ¿Recuerdas cómo te has sentido al dejarlos salir sin esperar nada a cambio? Yo suelo sentirme más grande y orgullosa de mí misma y es como si mis actos adquirieran un sentido de otra dimensión.

En esa montaña volví a vivir esa sensación, que hacía tiempo no sentía, frente a la satisfacción de dar sin esperar nada a cambio. Era un amor puro, un dar sin condición y sin mirar siquiera a quién se le entregaba ese tributo. Tenía la certeza de que cuanto más daba, más recibía y más llena me sentía. Comencé a vislumbrar para qué me había salvado. Lo viví muy claramente en todo mi ser. Fue una experiencia maravillosa.

10.
Unidos en oración

"Cuando nos despojamos de los muros que nos separan,
como la nacionalidad, religión y clase social,
nuestra dimensión espiritual se manifiesta y somos uno".

Hubo un momento, en aquella montaña de la isla de Phi Phi, en el que reinó un silencio absoluto. No se escuchaba ni el mar, ni el viento, ni una sola voz, ni siquiera una respiración. Todo era silencio y como si nos hubiéramos puesto de acuerdo, estábamos todos unidos en oración.

Sin importar la raza, religión, nacionalidad, edad, cultura e idioma y sin proponérnoslo, estábamos orando. Fue un momento de quietud y paz extrema. Era conmovedor ver esa conexión entre todos, como si estuviéramos rezando al mismo Creador. Tal vez no estábamos pidiendo nada, sino agradeciendo estar vivos. Las lágrimas salían de mis ojos sin saber por qué. No sentía miedo, ni tristeza, ni dolor, por el contrario, era un sentimiento de júbilo, grandeza, compasión y mucha gratitud que para mí es la manifestación más grande del amor.

Era increíble ver cómo personas tan diferentes habíamos llegamos hasta allí escapando de un 'tsunami'. Éramos distintos, pero estábamos frente a la misma situación y con el mismo sentimiento de miedo e impotencia. Todos mostraban devoción y respeto al orar. Cada uno a su manera, según su credo o religión: unos besaban el piso, otros agachaban la cabeza, otros abrían los brazos, otros miraban al cielo, otros cerraban los ojos. Mi hijo Dany fue uno de los que permaneció con los ojos entreabiertos mirando hacia abajo, humilde y profundamente conmovido.

Estando ahí, pude sentir una energía y una paz tan fuerte y tan poderosa como el mismísimo 'tsunami'. Observar y percibir a todos unidos, agradeciendo, hizo que me invadiera una emoción indescriptible, mezcla de amor y compasión. Sentí que no estaba sola y que estábamos conectados aunque fuéramos y pensáramos diferente. Era como si tuviera dentro de mí un poquito de cada uno y al mismo tiempo, ellos tuvieran un poquito de mí.

No sé cuánto duramos orando. Quizás unos minutos, pero la inmensidad e intensidad del momento quedó impregnada en mí. Se torna inexplicable ver tantas personas juntas agradeciendo algo tan valioso como estar vivos. Yo agradecía poder respirar, mirar el cielo, sentir la brisa en mi piel, ser quien era y poder pensar en un mañana en donde escuche la risa de mis nietos y sienta el abrazo de mis hijos y hermanos.

Pude experimentar la existencia de una conexión mayor que nos unió y nos hizo espiritualmente iguales, más allá de las diferencias. Pude sentir el amor y la humildad de aquellas personas que lo habían perdido todo y que aún tenían esperanzas y fuerzas para seguir adelante. Todavía viene a mí esa sensación tan conmovedora de unidad y confianza.

11.

Miedo en la noche

*"Tu miedo termina cuando tu mente se
da cuenta que es ella la que crea ese miedo".*

Llegó la noche y nadie había ido por nosotros. Algunos helicóp-
teros sobrevolaron la isla, pero sin dar señales de rescate. Con las
escasas cámaras de fotos que teníamos les hacíamos señales con
los flashes, pero no nos veían. En algún momento, a alguien se
le ocurrió prender un fósforo y hacer una fogata para llamar su
atención, pero la gente empezó a entrar en pánico por miedo a
generar un incendio forestal, ya que había demasiada maleza seca
en la montaña, así que la iniciativa no prosperó.

Estábamos abandonados a nuestra suerte. Al parecer, nadie nos
iría a rescatar, así que decidimos pasar la noche en la montaña
y al día siguiente, bajar temprano en busca de ayuda. El silencio
humano reinaba, a pesar de que nadie dormía ni se relajaba. Todos

seguíamos alertas al sonido del mar, pensando que en cualquier momento podría volver a atacar.

La luna llena era nuestra única fuente de luz y si bien iluminaba la isla y permitía ver a poca distancia, cualquier sonido o movimiento extraño era motivo para asustarse y salir corriendo. Muchas veces eran culebras, alacranes y demás animales que pasaban entre las piernas de las personas y un grito, salto, carrera o rumor era suficiente para alterar a todos. Sin darse cuenta, el miedo se apoderaba de algunos y los volvía peligrosos porque en la desesperación por escapar sin rumbo pisaban y empujaban a otros y sacaban lo peor de sí, en lo que parecía un instinto de supervivencia. Varios cayeron por el barranco en esas corridas despavoridas.

Con Dany y nuestras tres nuevas amigas también teníamos miedo, sin embargo, cuando comenzaba el descontrol, nos agarrábamos a un árbol para que no nos llevaran por delante y comenzábamos a decir en voz alta: "¡*Calmdown*!"[9] para tranquilizar a la gente. Algunos nos hacían caso, pero otros parecía que no veían ni oían nada, pues sus ojos se perdían en el pánico y gritaban y corrían sin control.

Este fenómeno se presentó más que nada en los turistas, pues los tailandeses, ante ese tipo de alarmas, permanecían quietos en su lugar. Ellos eran los maestros del silencio, ni se quejaban y apenas hablaban lo necesario. Nos miraban con esos ojos negros profundos como llamándonos a la quietud y al silencio. Así pasamos la noche entre sobresaltos, falsas alarmas y carreras sin rumbo que terminaron con la vida de algunos.

Más allá de los momentos de miedo, durante esas horas de espera hasta saber mejor de nuestra suerte, la gente se reunía en grupos a hablar sobre la incredulidad de lo ocurrido, sobre si seríamos rescatados o no y especialmente, sobre sus familiares ahogados y desaparecidos. Las esperanzas de reencontrarse con los suyos se sentía en el aire.

---

9. *Calmdown* significa en inglés: Cálmense.

En la montaña presenciamos el reencuentro de una familia norteamericana. Primero llegó a la cima la madre con su hija de unos 10 años y se acomodaron al lado de un árbol sin hablar. Sólo recibieron su sorbo de agua y su pedacito de papa frita y permanecieron así como unas cuatro horas hasta que, de un momento a otro, rompieron en gritos y llantos. No comprendíamos lo que ocurría hasta que vimos que habían llegado a la montaña el esposo con su otra hija, de unos 8 años y se reencontraron luego de pensar que estaban muertos. Todos llorábamos al ver esos abrazos y besos que se daban. A mí se me humedecieron los ojos y se me hizo un nudo en la garganta al sentir a esos cuatro seres unidos llorando, sin soltarse el uno del otro. Aferrados al amor familiar.

Con Dany conversamos con una pareja de alemanes, que tendrían entre 70 y 75 años. Las miradas de sus ojos azules cristalinos reflejaban la sabiduría y la serenidad del tiempo vivido. Nos contaron que fueron de vacaciones con sus dos hijos, sus nueras y cinco nietos y que estaban en la playa cuando ocurrió el tsunami.

Siempre estuvieron agarrados de la mano, muy unidos el uno al otro. No los vi llorar, pero sus ojos mostraban una profunda tristeza, aunque cuando hablaban de la posibilidad de que alguno de los suyos estuviera vivo, era como si una chispa de esperanza se encendiera en su mirada. Con Dany nunca supimos si lograron encontrarlos, pero en mí quedó grabada su serenidad, aceptación y respeto frente a lo que les estaba ocurriendo.

83

Algunos de los sobrevivientes habían logrado escapar con sus morrales y cámaras fotográficas, aunque nadie, al menos que yo haya visto, se atrevía a tomar fotografías. Nosotros habíamos perdidos las maletas, pero yo había alcanzado a colgarme la cámara al cuello antes de ser sorprendida por la primera ola. Dany decía que el momento que estábamos viviendo era demasiado íntimo, doloroso, y desde su perspectiva, que alguien tomara fotos podría molestar y ser, de alguna forma, irrespetuoso. A pesar de eso, yo quería retratar el momento, por eso tomé algunas fotos a escondidas. No sé qué me impulsaba a dejar grabado en una fotografía lo que estábamos viviendo, seguramente para mostrarlo y compartirlo algún día.

12.

Siempre hay caminos

*"Cuando todo parece difícil y no sabes para dónde ir,
siempre habrá caminos si la fuerza viene del corazón".*

En la mañana del 27 de diciembre varias personas nos arriesgamos a bajar de la montaña. Los tailandeses fueron los primeros en animarse porque uno de ellos tenía una radio con el que, por momentos, lograba comunicarse con otras personas y le dijeron que había gente que estaba siendo rescatada en la playa. El grupo de nativos que tenía la radio discutieron un rato sobre si bajar o no y finalmente lo hicieron.

El resto preferimos permanecer en la montaña. Si bien estábamos a la intemperie, no teníamos qué tomar ni qué comer y el olor a las necesidades biológicas empezaba a sentirse, ahí nos sentíamos seguros. No sabíamos qué nos esperaba fuera de nuestro "refugio", pues desde el lugar donde nos hallábamos solamente se veían escombros y nada de señales de vida. Bajar implicaba desafiarnos a nosotros mismos, que teníamos demasiado temor al espectáculo dantesco que nos esperaba.

Una hora más tarde, alrededor de las 11 de la mañana, Dany, quien se había asomado a inspeccionar parte de la isla, me dijo que fuéramos hacia la playa. "No Dany, esperemos un rato más. No bajemos todavía", le decía yo. Él insistía en que debíamos bajar, pues la gente estaba siendo rescatada en barcos. Hizo un gran esfuerzo para convencerme, porque yo tenía miedo de que el mar se nos viniera encima de nuevo y por otro lado, sentía que no podría resistir la tristeza e impresión de ver a los muertos, a los sobrevivientes que perdieron a sus seres queridos y la isla destruida.

Decidimos bajar con la rumana, la lituana, Rose y otros dos turistas que se nos unieron para el regreso. Fuimos hacia la recepción del hotel donde nos habíamos hospedado para descender hacia la playa por ahí. Cuando entramos a lo que quedaba de la pequeña recepción, nos encontramos con el cuerpo sin vida del dueño. A su lado, formando una fila en el piso, el de su esposa, dos de sus hijas y otros cuatro cadáveres más semi cubiertos con una sábana.

Frente a ellos había una niña de unos tres años sentada en una silla mecedora y en el suelo, una tailandesa de unos 14 años de edad, de pelo negro, liso, ojos rasgados y oscuros. Su mirada estaba puesta en los cuerpos; era como si los atravesara y se perdiera hacia la nada. Ni siquiera se volteó hacia nosotros cuando entramos al lugar. Estaba absorta, ida, insensible, muda y sin expresión en su cara. Por supuesto que no pudimos entregar la llave y mucho menos pagar la cuenta. Aún conservo la llave de mi bungalow, el N° 15.

Ahora debíamos llegar a la costa en busca de una embarcación para huir de ahí. El recorrido desde la recepción a la playa era peligroso. La escalera ya no se veía, pues todo estaba cubierto por escombros acumulados entre los que sobresalían brazos, cuerpos y cabezas. El mar había traído contra la montaña casas, cabañas, palmeras, carretas y todo lo que encontró en su camino.

No había por donde bajar y eso nos atemorizaba. Nos sentimos atrapados y sin saber qué hacer, hasta que aceptamos que la única opción era avanzar entre los escombros, enfrentándonos, de nuevo, al riesgo. Mientras buscábamos una ruta más segura por la cual descender, con Dany nos decíamos mutuamente: "Siempre hay caminos".

Debíamos confiar en que encontraríamos la forma de llegar a la playa. No fue fácil. A medida que íbamos avanzando, nos ayudábamos unos a otros porque entre los escombros había espacios peligrosos y cualquier paso en falso podría significar caer, golpearse o morir.

Confieso que estaba un poco molesta con Dany, ya que había decidido cargar a Rose en sus brazos porque tenía herido un dedo del pie. A mí no sólo me parecía peligroso por él, que podía caerse, sino que además yo iba saltando sobre los escombros y tambaleándome sin su ayuda. Creía que primero debía ayudar a su mamá, pero como él estaba encantado con la belga, ni se daba cuenta. Hoy me río cuando recuerdo mis celos de suegra de la montaña.

A medida que íbamos bajando nos encontrábamos con más desolación y muerte. Lo que más me marcó fue la imagen de los ojos cristalinos, vidriosos y medio abiertos de los niños ahogados. Eran muchos. Recuerdo sus bracitos sueltos con sus manos blancas e inmóviles. Pensaba en sus madres y hasta podía sentir su dolor.

Los vivos caminaban como zombies buscando entre los escombros a sus familias. Padres solos. Madres solas. Hijos solos. Esposos solos. Recuerdo a un hombre de unos 65 años, de acento alemán, que nos preguntó: "¿Vieron a mi esposa?". ¿Cómo decirle que no? No había palabras para responder. Se sentía demasiado el dolor de los sobrevivientes. Dany apenas pudo decirle, muy respetuosamente: "No señor", mientras bajaba su mirada. Continuamos avanzando cogidos de la mano, entre los muertos y la tristeza, mientras que el señor seguía buscando entre las ruinas.

Había un sólo helicóptero para trasladar, creo yo, a los heridos más graves. No se veía movimiento de algún equipo organizado de ayuda sino más bien algunos tailandeses voluntarios, acomodando cadáveres y armando hileras de muertos y más muertos a lo largo de la playa.

Sobre la arena, los cuerpos cubiertos con sábanas reposaban frente a un mar tranquilo, como si nada hubiera ocurrido. Lo que sí evidenciaba la tragedia era que los peces nadaban entre sillas, mesas, computadoras, ropa, platos y demás restos de vida turística. A pesar del intenso calor, se sentía el frío de la soledad. Era imposible creer que hacía dos noches en esa isla abundaba la luz, la alegría, el color y la vida. Ya no quedaba nada.

Las pocas edificaciones que seguían en pie estaban cubiertas de agua hasta la mitad. A poca distancia sobre la falda de otra montaña, las cabañas color blanco y verde, donde se hospedaban las amigas de Dany, yacían destruidas. La rumana, que nos acompañaba, al ver su hotel en ruinas entró en un ataque de histeria. Pensó el peor destino para sus amigas. Comenzó a llorar y a pedirnos que la acompañáramos a su cabaña para buscar, entre los escombros, su pasaporte.

Yo sabía que su interés no era la documentación sino encontrar a sus amigas que probablemente murieron. No había forma de calmarla y a mí me conmovió mucho verla así, pero Dany se opuso rotundamente y nos impidió ir, ya que era demasiado el riesgo que corríamos.

Me dio mucha tristeza verla tan angustiada y comencé a insistirle a Dany para que fuéramos con ella, pero él se puso firme: "Si quieres vas tú. Pero mi mamá de aquí no se mueve". Dany tenía razón. Ir era un error garrafal, pues el peligro continuaba y podíamos caer en medio de los escombros. La rumana lloraba desconsolada y a mí se me partía el corazón al verla, pero, finalmente, logró calmarse y aceptarlo.

Entre tanto dolor, destrucción y desolación, Rose, que estaba tomada de la mano de Dany, pegó un grito tan fuerte que nos asustó. Su novio, que creía muerto, venía caminando a lo lejos.

Los enamorados corrieron a encontrarse, se abrazaron y lloraron. Fue un momento muy emocionante, de felicidad, lágrimas y risas. Se quitaban la palabra el uno al otro.

Parece raro y hasta irónico, pero su prometido estaba buceando con un grupo de turistas y lograron salvarse. Ellos estaban a unos 20 metros de profundidad y lo único que sintieron fue una corriente feroz que los hizo chocar unos con otros, pero no cayeron en cuenta de lo ocurrido sino hasta que llegaron a la playa.

Nosotros, los del grupo, sonreímos al verlos. Estábamos felices por ellos. Dany y yo ya sabíamos cómo se sentía un reencuentro. Lo habíamos vivido. Sin embargo, me apenó mucho ver a Dany tan triste al dar por terminado su "romance" con la Rose de la montaña. Lo abracé y le dije: "Vamos, mi Dany, ya pasará. Sigamos adelante, hijo. Vamos a casa". Y continuamos la travesía con la rumana y la lituana.

Justo uno de los dos periodistas que habían ido a la isla captó el romántico reencuentro de la pareja con su cámara fotográfica.

13.
El rescate

"Cuando afrontamos grandes adversidades,
descubrimos nuestra propia fuerza".

No sé cómo recorrimos los 100 metros del muelle hasta su punta donde se encontraban las dos pequeñas embarcaciones que rescatarían a los sobrevivientes que esperábamos allí. Lo hicimos entre la seguridad de morir y la esperanza de salvación, brincando muertos, que serían trasladados a la costa, donde con esfuerzo, las autoridades intentarían darles una identidad.

Una joven tailandesa se encontraba sentada al borde del muelle dándole la espalda al mar. Su mirada perdida contemplaba los cuerpos de su esposo y sus dos hijitos a su lado. Debía esperar que las embarcaciones se llevaran a los vivos para, luego, ser trasladada con sus muertos. Sus ojos ya no tenían lágrimas, pero sí transmitían un profundo dolor.

¡Qué difícil era ver la vida de esas personas que el 'tsunami' se había encargado de destruir! No sabíamos qué decir ni qué hacer frente a tanto sufrimiento. Su impotencia y su tragedia eran la nuestra. Lo único que hacíamos era bajar la mirada por respeto y solidaridad. Era muy doloroso contemplar el panorama ante nosotros.

El muelle tenía una grieta como de un metro de ancho, pero a nadie parecía importarle. Yo sentía que en cualquier momento podría derrumbarse provocando otra desgracia, pues había demasiada gente sobre él. Seríamos unas 300 personas esperando que dos embarcaciones, con capacidad para 50 pasajeros cada una, nos sacaran de ahí. A esa altura, salir de Phi Phi ya era un imperativo debido a la contaminación que estaban comenzando a ocasionar los cadáveres en descomposición y la ausencia de servicios sanitarios. El 'tsunami' había dañado los tubos de las alcantarillas que estaban expuestos al aire libre.

Existían dos carteles escritos a mano señalando los posibles destinos: por un lado, Krabi y por el otro, Pucket. Habíamos escuchado que Pucket había sido arrasado y era grave la situación allá, así que, sin dudarlo demasiado, nos dirigimos al barco que iba a Krabi. La desesperación por escapar de esa isla tumba iba en aumento. Todos querían subirse al barco al mismo tiempo. Los nativos voluntarios trataban de poner algo de orden gritando cosas que no entendíamos.

El capitán de la embarcación que iba a Krabi era un tailandés de ojos amarillos que, con firmeza y rudeza, nos gritaba en su idioma para calmar y organizar la multitud. Si bien logró poner algo de orden y controlar que las personas se subieran una a la vez al barco, nos dolía que nos tratara de esa forma.

Llegó nuestro turno. Con Dany, agarrados de la mano y con los ojos puestos en la embarcación, saltamos un par de metros hasta ingresar a su interior. Yo busqué un sitio en donde acomodarnos mientras que Dany se quedó ayudando a nuestras amigas, la rumana y la lituana y al resto de las personas que quedaban por subirse, dándoles la mano para que no perdieran el equilibrio al momento de saltar. La mayoría de las personas dentro del barco éramos turistas. Al parecer, los tailandeses se fueron antes o se habían quedado custodiando los cuerpos de sus familiares.

Cuando los 50 cupos disponibles del barco estaban casi completos, viví otra batalla que todavía me duele en las entrañas al enfrentarme con una situación que no sé si definir como un castigo o una circunstancia del dolor. Estaba acomodada en la parte trasera del barco, cuando vi a una joven, de rasgos europeos, forcejeando para subir a sus dos hijas de aproximadamente 8 y 12 años. Esa mujer, como yo, quería escapar de aquel infierno. Si bien logró ingresar al barco con la ayuda de Dany, apenas pudo subir ella y su hija más pequeña. Cuando iba a hacerlo la otra niña, el señor de los ojos amarillos dio la orden de alejarse del muelle.

El capitán había determinado que no había más lugar. La niña quedó en el muelle, llorando, sumida en un grito largo y desgarrador que durante los primeros tres meses escuchaba en mis noches y madrugadas bogotanas. Su madre trataba de alcanzarla, le gritaba al señor de los ojos amarillos que no dejara a su hija, pero él no la escuchaba y el bote continuaba alejándose. Dany no sabía qué hacer. Comenzamos a gritarle al hombre para que se detuviera, pero este hizo oídos sordos. Creo que esa era su única forma de poder lidiar con semejante tragedia. Él sabía que la embarcación regresaría por la niña, pero nosotros no.

Fue un momento duro y desgarrador, de impotencia y culpa. Queríamos volver por la niña, pero el señor no hacía caso a nuestros ruegos. Yo no tuve tiempo, oportunidad ni valor para cederle mi lugar. Afortunadamente, ella luego regresó al lado de su familia; sin embargo, aquel momento, quedó en mi corazón como una espina perenne y eternamente dolorosa. Era la culpa agazapada, persistente y demoledora por muchos niños, hombres y mujeres que no pudieron salvarse ni subir a ese barco donde yo estaba gracias a mi habilidad para escabullirme de quedar perdida sin nombre en una isla tumba castigada por la furia de la naturaleza.

14.

Casi a salvo

"He aprendido a no ofrecer resistencia a lo que ES;
he aprendido a dejar SER al momento presente y
a aceptar la naturaleza de las cosas y condiciones.
Así he encontrado la paz".

Eckhart Tolle

Partimos de Phi Phi en la embarcación del hombre de los ojos amarillos. A medida que nos alejábamos, veíamos con tristeza cómo un perfecto paisaje turístico se había convertido en la peor de las catástrofes.

Ya no había hoteles ni sombrillas de colores, ni techos ni comercios. Escombros de madera, palmeras arrancadas de raíz y restos de vegetación recostados sobre el suelo parecían a la distancia montículos de palitos de fósforos dispersos a lo largo y ancho de la isla. Entre las pocas edificaciones que permanecían de pie porciones de mar se internaban y formaban pequeñas lagunas. No quedaban señales de vida; sólo algunas personas deambulando entre los escombros con la esperanza de encontrar a sus seres queridos. Phi Phi necesitaba ser resucitada.

Finalmente, mi ruego tuvo respuesta y una botella de agua calmó el ardor de mi garganta y el hormigueo de mi vientre. Hacía horas que no bebíamos, ni comíamos. Esa botella me acompañó durante los siguientes días en Tailandia y de alguna manera se convirtió en mi amuleto o pasaje a la vida, al ser una de las pocas verdades tangibles en esos momentos de incertidumbre y desazón.

Hacía mucho calor, estábamos sudorosos, muy apretados y fastidiados, luchando por un espacio en el cual sentarnos o al menos, acomodarnos. Debíamos agarrarnos con fuerza para no perder el equilibrio, puesto que el barco iba muy rápido. Luego de unos 30 minutos de navegar, nos detuvimos frente a un gigantesco buque que permanecía quieto en medio de altamar y recibimos la orden de cambiarnos de embarcación. El pequeño barco continuaría yendo y viniendo para rescatar a más personas de Phi Phi, mientras que el petrolero de tres pisos, esperaría ahí para recibir a más sobrevivientes de distintas islas y sitios afectados.

¡Nos salvamos! Pensé al entrar a la embarcación. El tamaño del navío daba mayor seguridad en el caso de que viniera otro 'tsunami'. En su interior había grupos y familias de tailandeses y turistas ya instalados. Llegamos a la cubierta en donde toldos protegían a las personas del picante e inclemente sol.

Serían unos 200 damnificados, sentados o acostados sobre el piso, procurando descansar. Se les veía el agotamiento en las posturas. Algunos se habían agrupado para charlar, aunque la mayoría no se conocía. Otros preferían estar solos, con la mirada distante hacia el mar, probablemente, pensando en lo que habían perdido.

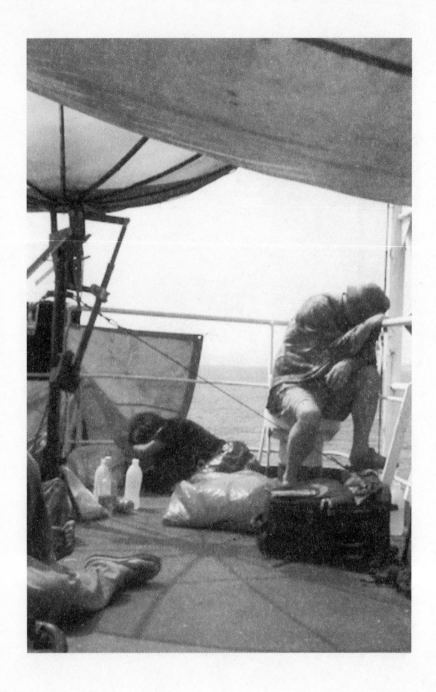

El silencio y la incertidumbre eran una constante. No veíamos a nadie a cargo del buque, ni dando órdenes ni información, ni guiándonos sobre dónde acomodarnos. Sólo sabíamos que debíamos esperar, al menos hasta que terminaran de recoger a más personas de las islas; entonces nos recostamos en un rincón del barco en el que había sombra.

Al subir al buque nos dieron una mandarina a cada uno, así que una vez acomodados, como si fuera un tesoro, tomé la fruta que tenía en mis manos y admiré su precioso color anaranjado. Nunca me había percatado tan profundamente de la blandura de la cáscara, de la dulzura y frescura de una mandarina. Su olor me impregnaba y su sabor me deleitaba. Pareciera que sólo estuviéramos ella y yo, como si el resto no importara y apenas existiera. Saborear esa fruta después de más de 36 horas sin probar bocado me hizo revivir y por un instante, me dejé llevar por esa experiencia en medio de la situación que estábamos viviendo.

En el buque dos niños rubios, uno de tres y otro de cinco años, no paraban de llorar. Quizá lo hacían por sed, hambre, calor o porque los adultos que estaban con ellos no eran sus padres. Escucharlos llorar aumentaba mi tortura por el recuerdo de aquella niña que había quedado sola en el muelle de Phi Phi. Sentía un leve punzón en la boca del estómago al rememorar el grito de la chiquita y los ojos de desesperación de la mujer europea a medida que la lancha se alejaba.

Pasado un tiempo, esa niña llegó al barco grande y pude ver el reencuentro con su madre y hermana. Si bien me alegraba y emocionaba mucho ver a las tres juntas otra vez, sentía que el daño ya estaba hecho. Esa sensación de desprendimiento forzado quedaría grabada por siempre en ellas y en mí. Me hubiera gustado haber entendido que la niña iría luego o que el hombre de ojos amarillos hubiera hecho la excepción de subir a una persona más.

Recuerdo que en una esquina, permanecía un señor mayor, solo, acongojado. No sé cuánto tiempo estuvo con la cabeza baja mirando el suelo y su frente apoyada contra la baranda del buque.

Lo observé un largo rato y no podía dejar de pensar en cómo sería su regreso a casa solo, aunque me esperanzaba el saber que había personas en hospitales, refugios o en otras embarcaciones. Tal vez aquellos que habían perdido a los suyos vivirían un re-encuentro finalmente.

Dany comenzó a hablar con un turista norteamericano, de unos 40 años, que le contó que había perdido a su esposa y a sus tres niñas. Yo me uní a la conversación, aunque me costaba entender lo que decía porque hablaba muy rápido en inglés. Sin embargo, entendí que tenía fe en que no se hubieran ahogado y pudiera encontrarlas en algún lugar, pero no sabía por dónde ni cómo buscar. Una vez que llegamos al puerto de Krabi, nunca más supimos de ese señor. Así como ese hombre, recuerdo, al menos, a otros tres, que también se bajaron del buque en una soledad innombrable.

Casi todas las historias que se escuchaban en el buque eran de pérdidas, ya sea de padres, hijos, parejas o amigos. Por una cuestión de idioma y por el profundo silencio de los tailandeses, apenas logramos conocer sus casos. Ellos sí que, además de haber perdido a familiares y amigos, se habían quedado sin isla, sin casa ni trabajo y tan sólo tenían lo que llevaban puesto. Me conmovía pensar, particularmente en ellos, porque el tsunami había arrasado con todo lo suyo y sus historias implicaban un volver a empezar. Sentía mucha compasión y empatía por lo que estaban viviendo.

No sé si dormí o no en la embarcación. Si en algún momento se me cerraron los ojos, era un sueño superficial, de esos en los que uno tiene un ojo abierto y otro cerrado. Apenas comenzaba a quedarme dormida me despertaba de un salto con el corazón a toda velocidad. La adrenalina, la ansiedad y el deseo de llegar a tierra firme no me dejaban dormir. Aún me perseguía el fantasma del tsunami y lo único que deseaba era alejarme del mar lo antes posible. Sabía que debía ser paciente y esperar, así que intentaba no pensar en mis ganas de bajarme del buque, ni en la posibilidad de que viniera otra ola.

Para ese entonces, nuestra mente estaba paralizada y estática en ese presente. Sólo queríamos llegar al continente, pero no pensábamos, ni hablábamos sobre qué haríamos una vez en Krabi, ni cómo regresaríamos a Colombia.

15.
No tenía nada...
y lo tenía todo

"A veces podemos pasarnos años sin vivir en absoluto y de pronto toda nuestra vida se concentra en un sólo instante".

Óscar Wilde

Pisamos tierra firme. Serían como las 15hs. Detrás de una valla, una multitud de ojos se posaban en los que bajábamos de la embarcación. Centenas de personas, principalmente tailandesas, esperaban ansiosamente en el muelle a que descendiera del barco algún familiar o amigo. Se sentía en el aire la necesidad del reencuentro o al menos de conocer a ciencia cierta la suerte de los propios. Los llantos, la angustia y el dolor se pronunciaban cuando las caras eran todas desconocidas. Gracias a Dios con Dany habíamos regresamos juntos, pero la mayoría no tuvo esa fortuna.

En el muelle reinaba un gran desorden: entre los que estaban desesperados por salir del barco y los que estaban aferrados a las vallas esperando a los suyos; y la única forma de salir hacia la calle era empujando personas. En medio del caos nos perdimos de la rumana y la lituana.

Desde el puerto de Krabi iban y venían ambulancias con sus sirenas encendidas. Recogían a los heridos que desembarcaban del buque y salían a toda velocidad hacia los centros de atención. Parecía que no daban abasto. Sin embargo y a pesar de no estar heridos, a Dany y a mí nos subieron a una ambulancia y con las sirenas a toda marcha, nos llevaron a una especie de consulado con los demás sobrevivientes. Era como un campamento de refugiados, donde además de tratar de solucionar la situación de los extranjeros, lidiaban con el problema de los nativos que no tenían dónde vivir.

Al frente del consulado había un camión regalando ropa a los damnificados. Allí estaba yo, una sobreviviente más, mendigando ropa y un sorbo de agua. La mandarina que revivió mis sentidos y me transportó a otra realidad, fue lo más sabroso que había comido en casi dos días.

Ni el estatus social ni los cargos jerárquicos, ni el dinero cambiarían mi situación en ese momento. Mis posesiones eran apenas un pareo, un bikini y las ganas de regresar a casa. Así que henos allí, entre personas que se rapaban las donaciones de las manos unas a otras, estirando los brazos para recibir alguna prenda que nos cubriera. Dany consiguió una camiseta de futbol blanca talla XXL que le quedaba gigante y yo una color rosada, demasiado pequeña para mí. Me la puse, pero sólo pude resistirla un rato, pues me impedía respirar bien.

En el consulado había muchas personas y llegaban cada vez más. Repartían cajas de icopor con arroz blanco frío para todos. No me animé a comer, el sólo verlo no me daba confianza y tampoco sentía hambre. Es como si mi estómago se hubiera cerrado después de tantas horas sin recibir comida; como si mi mente le hubiera ordenado no molestar por el momento.

Algunos hacían fila para hablar con las autoridades; otros simplemente permanecían sentados esperando que las autoridades decidieran sobre su suerte.

Eran muchas las personas que necesitaban ayuda para salir del país. Por más que el gobierno local quisiera atender a los damnificados, era una tarea casi imposible que al menos, nos llevaría tres días de eterna espera.

Afortunadamente, nosotros teníamos nuestros pasaportes en mi cinturón rojo, que Dany tanto me había criticado al comprarlo y que alcancé a salvar cuando vino la primera ola. Ver que tantos extranjeros y tailandeses estaban en una situación más complicada que la nuestra, nos motivó a pensar en continuar adelante por nuestra cuenta.

Así que decidimos regresar a casa sin ayuda. Nos sentíamos empoderados y capaces, pues estábamos sanos y teníamos los pasaportes. Dejar de esperar a que alguien nos sacara de ahí y tomar las riendas de la situación parecía ser la mejor alternativa y la más rápida en ese momento. Sabíamos que irnos por nuestra cuenta significaba correr un riesgo, pues estábamos a más de 800 kilómetros del aeropuerto de Bangkok, sin dinero y sin conocer la ruta, el idioma, ni tener certeza con qué nos encontraríamos, pero entendíamos que llegar dependía únicamente de nosotros.

Tomar esa decisión me transportó al futuro y como si estuviera ocurriendo en ese momento, pude sentir la emoción que me produciría el abrazo de reencuentro con mi hijo Juan Carlos en el aeropuerto de Bogotá. Sentí el contacto con su piel, sus lágrimas sobre mi rostro y hasta la brisa fría bogotana en mi cuerpo. Logré visualizar los carteles de bienvenida hechos por mi hijo, los globos de colores y hasta serpentinas. Vi a mis seres queridos sonrientes y tuve la feliz sensación de estar nuevamente en familia. Todo era alegría, abrazos y celebración.

Visualicé eso en un instante. Seguramente, me ocurrió, porque tenía la convicción de que lo lograríamos. No existía ninguna duda en nosotros, así que nos enfocamos en encontrar la forma de llegar a casa. Teníamos una meta muy clara.

Recuerdo que pasamos la puerta del consulado, caminamos media cuadra y algo inexplicable me sucedió. En medio de tanta tragedia y dolor, me invadió una inmensa sensación de paz, liviandad y plenitud. No sentí ninguna preocupación. Era como si el tiempo se hubiese detenido y yo caminara sobre nubes. Todo había adquirido más vida y brillo y lo veía más iluminado. Los árboles eran más verdes y el cielo más azul. Tenía confianza y felicidad y no sentía miedo, ni hambre, ni dolor de rodilla, ni cansancio.

Paradójicamente, tuve la increíble y maravillosa sensación de que a pesar de no tener nada, lo tenía todo. Sentí que no necesitaba nada más, que conmigo bastaba. Las cosas materiales habían perdido su valor y me llenaba tanto lo que tenía y sentía dentro, que no tener dinero ni ropa me daba igual. Estaba viviendo la verdadera abundancia, que es la del alma. Sentí la presencia de Dios. Él estaba conmigo y en todo.

Comprendí que cuando nos desprendemos y soltamos lo material, mental y emocional, estamos presentes e iluminados. Sentir que con nosotros es suficiente genera el espacio para que nuestro ser se manifieste. Es como si fuéramos un gran lienzo blanco listo para ser pintado. El 'tsunami' me mostró que despojada de todo valía más que cualquier cosa. Mi valor no estaba en mis logros, mi cargo, mis títulos ni en mi fuerza física, sino que mi grandeza estaba en mi interior.

Mi pecho se expandía mientras que mi yo interno irradiaba un poder inimaginable y se volvía más grande que mi cuerpo, como si no tuviera límites. Cuando aquello que somos sale de nosotros, nuestro verdadero potencial y grandeza cobra mayor fuerza y brillamos con luz propia. Yo me sentía más viva que nunca. Estaba frente a un profundo deseo y convicción de regresar a casa.

16.

Travesía a casa

*"Hasta la más larga y dura travesía
comenzó con un primer paso"*.

El aeropuerto más cercano estaba a 156 kilómetros, en Surat
Thani, la ciudad conocida como la de "la gente buena", nombre
que pudimos comprobar en la realidad. Desde ahí podríamos
viajar a Bangkok para tomar, finalmente, un avión con destino a
Colombia, nuestra casa.

Dany y yo comenzamos a caminar por las calles de Krabi en
busca de una estación de buses. Luego de un par de horas de
andar, llegamos a una ventanilla en las afueras de la ciudad para
pedir un boleto a Surat Thani. Por ser sobrevivientes del 'tsunami',
nos permitieron viajar gratis.

Nos subimos al bus y encontramos algunas de las personas que
estuvieron con nosotros en la montaña. Entre ellos, el hombre
al cual Dany le había dado su calzoncillo y la familia nortea-

mericana que se reencontró felizmente. Fue muy emocionante verlos de nuevo.

Llegamos a Surat Thani por la noche. No recuerdo qué hora era, ni por qué nos separamos de las personas de la montaña; realmente estaba demasiado cansada. Necesitábamos bañarnos y descansar un poco para reponernos y continuar al día siguiente, así que con Dany caminamos, no sé cuánto tiempo, hacia algún sitio donde pudiéramos dormir.

Finalmente, llegamos a lo que, al parecer, era una parte céntrica de Surat Thani. Las calles eran estrechas e iluminadas. Yo creo que era la *zona de tolerancia* del sitio[10], pues había mujeres livianas de ropa por la calle y música muy alta. Si yo hubiera estado en otras condiciones en ese lugar habría sentido muchísimo miedo, pero con lo que habíamos vivido y sin nada de valor en nuestras manos, no tuve temor, más bien, escuchar ese ruido y estar en medio de esas personas me hacía sentir viva.

No entramos al primer hotel, sino que buscamos el que nos diera más confianza y tuviera el aspecto más familiar posible entre los burdeles de la cuadra. Nos conformábamos con una sola cama, al menos para descansar un par de horas.

Entramos a uno y le rogamos al señor de la recepción que nos dejara una habitación por 30 bahts[11], que era muy poco, pero era lo único que teníamos para pagarle. Le contamos que habíamos escapado del 'tsunami' por eso la falta de dinero y nuestro aspecto descuidado. El señor se compadeció de nosotros y accedió. Le dimos los 30 bahts acordados y nos sobraron unas monedas con las que compramos un cepillo de dientes para los dos. Ahora sí que habíamos quedado sin un centavo para continuar el viaje al siguiente día.

El cuarto del hotel no tenía punto de comparación con los hoteles en los que veníamos durmiendo. Ni hablar con aquellos en los que me hospedaba cuando viajaba por trabajo. El tapete

---

10. Zona permitida para ejercer la prostitución.

11. En 2016, año en que se editó el libro, 30 bahts equivalía a un dólar americano.

era rojo y pegajoso al caminar. Las sábanas estaban remendadas y amarillentas. Creo que estaban sucias, como si nunca las hubieran cambiado. Mejor ni mirar y tan sólo pensar en descansar un poco. Dormimos unas pocas horas, pues queríamos madrugar para continuar nuestra travesía de regreso a casa.

Recuerdo con risas el espejo oxidado. Mi reflejo en él me mostró una mujer irreconocible. Habían pasado 10 años en tan sólo dos días. "¡Dios mío! ¡Mi primera cana!" le grité a Dany. Automáticamente, soltamos una carcajada. No quedaba más que reírnos de la situación.

Debía tomar con humor sentir la piel de la cara acartonada por falta de mis cremas y mi pelo reseco por todos esos días a la intemperie bajo el sol. Seguía con mi pareo, mis sandalias y una camiseta de tiritas que me había dado una mujer sobreviviente en el bus. Dany tenía barba, su pantaloneta estaba gris y su camiseta le bailaba de lo grande que era. ¡Qué pareja! Como decía Dany, estábamos en pleno Plan Guerrero.

Nos despertamos al día siguiente con nuevas fuerzas para conseguir nuestro objetivo. La idea era tomar un avión hacia Bangkok sí o sí, así nos tocara pedir limosna para el tiquete. Estábamos abiertos a lo que viniera ese día. Por suerte, continuábamos sin pensar en comida porque el hotel no contaba con desayuno para nosotros.

Ese día lloviznaba, pero hacía calor. Comenzamos a caminar con Dany hacia el aeropuerto de Surat Thani. Después de un par de horas de caminata, como si fuese un milagro, apareció una volqueta que cargaba materiales de construcción. Y ¿adivina qué? Echamos dedo. Dany y yo extendimos nuestros brazos y agitamos nuestro dedo gordo para que nos llevaran.

Para nuestra sorpresa, la volqueta se detuvo y en inglés y con señas, le dijimos al conductor que éramos sobrevivientes del 'tsunami' y necesitábamos ir hacia el aeropuerto. Creo que nuestra pinta de náufragos, sumado a las mímicas para decir 'tsunami' y 'avión', hicieron que nuestra súplica funcionara y nos recogieron.

Subimos a la parte de atrás de la volqueta y nos sentamos junto a unos 10 obreros de construcción, rodeados de picos y palas. No se imaginan los perfumes de aquellas personas. Olían muy mal y por momentos, sentía náuseas. Nos miraban como bichos raros y hablaban lo mínimo entre ellos y en tailandés así que no entendíamos ni papa. Nosotros apenas nos movíamos, pues queríamos evitar hacer algún sonido o algo que les molestara y que nos bajaran a mitad de camino.

Luego de unos 40 minutos de andar entre calles angostas, nos dejaron en una carretera en donde sólo se veía campo. Nos dijeron que estábamos cerca del aeropuerto de Surat Thani y señalaron hacia dónde debíamos caminar. Hicimos caso y emprendimos nuestra caminata bajo la llovizna y el sol, que se combinaban formando un hermoso arco iris de fondo.

Dos horas más tarde, llegamos al aeropuerto de Surat Thani. Era pequeño, pero muy bonito y acogedor. Sus coloridas paredes estaban pintadas de naranja, azul, amarillo y verde; en sus rincones había dibujos de vegetación y sus pisos estaban muy brillantes y limpios. Pasado el mediodía ya estábamos frente a las ventanillas de las aerolíneas viendo la forma de conseguir un avión que nos llevara a Bangkok.

Nos pasaron de un mostrador a otro y en cada uno explicábamos que éramos sobrevivientes del 'tsunami' y queríamos regresar a casa. Pero había más sobrevivientes y deberíamos estar en lista de espera. Aunque con la mayoría no nos conocíamos, estábamos en la misma situación, buscando cómo salir de ese lugar y eso nos hacía sentir parte de un mismo grupo. Con aquellos con los que estuvimos en la montaña nos saludábamos como si nos conociéramos de toda la vida. Eran nuestros hermanos de sobrevivencia.

Sabíamos que los heridos tenían prioridad, aunque nuestra ventaja era poseer nuestros pasaportes y una tarjeta de crédito, aunque no nos funcionó, pues luego me enteré de que, como en Colombia nos daban por muertos, el banco la dio de baja. Mi hermana Adriana había llamado a una emisora radial colombiana para averiguar si se sabía algo de nosotros. Por supuesto, nadie sabía nada, pero la noticia de nuestra desaparición se regó y en Colombia se hablaba de dos compatriotas perdidos en Tailandia. Cuando el banco se enteró, bloqueó mi tarjeta de crédito por "cuestiones de seguridad", al menos eso me dijo la cajera a mi regreso.

Después de hablar con tres aerolíneas, nos pidieron que aguardáramos en un cuarto de vidrio hasta que consiguieran nuestros cupos hacia Bangkok. Luego de una larga espera autorizaron nuestros tiquetes y estábamos listos para partir en un vuelo especial para los sobrevivientes del 'tsunami'. Debido a los heridos y la cara de desazón y tristeza, de necesitar descanso y consuelo de todos, parecía un avión de guerra; sin embargo, poco a poco, nos íbamos acercando a Colombia.

17.
¿Dónde está Colombia?

"La satisfacción en la vida no se mide
por lo que logramos, sino por los
obstáculos que superamos".

Luego de una hora y media de vuelo aterrizamos en Bangkok.
El nombre original de la capital tailandesa significa "la ciudad
de los ángeles" y sí que necesitábamos uno. Al salir del avión,
caminamos por un pasadizo que nos llevó a una escalera que
bajaba a un primer piso en donde se encontraban varios puestos
con delegaciones de diferentes países.

Estas comitivas esperaban a los sobrevivientes para darles
apoyo diplomático –dado que la mayoría había perdido sus pasaportes y documentos– y respaldo emocional, que era el que
más necesitábamos en esos momentos. Había representantes de
Alemania, Estados Unidos, Australia, Rusia, Japón, Brasil, México,

España, Checoslovaquia, Inglaterra, Italia, Francia, Marruecos, entre otros países.

A medida que íbamos descendiendo la escalera, Daniel y yo buscábamos con ansiedad la bandera de Colombia entre los stands. Nuestros ojos escaneaban cada rincón del lugar y el corazón palpitaba más fuerte detrás de nuestros colores amarillo, azul y rojo. ¿Dónde está Colombia? No estaba. Los nuestros no estaban.

Veíamos desde la escalera cómo los sobrevivientes se abrazaban con sus compatriotas, así no se conocieran. Podíamos sentir su alivio y ver su llanto de emoción al saber que alguien los estaba esperando. A nosotros, por más que seguíamos buscando a los nuestros, nadie nos esperaba. Eso dolió muchísimo. Sentí que me quebraba por dentro, pues no había consuelo, nadie estaba ahí para acogernos. Necesitábamos un hombro sobre el cual apoyarnos y no estaba. Nuestro país no estaba. Cuando lo recuerdo, viene a mí esa tristeza. Aún siento ese dolor y sensación de abandono y se me hace un nudo en la garganta.

Nos llevó un buen rato y esfuerzo reponernos del vacío y desamparo que sentimos. Más recuperados, decidimos limpiarnos las lágrimas y dirigirnos hacia un guardia tailandés para preguntarle dónde había un sitio de Internet, dónde estaban ubicados los mostradores de las aerolíneas y si había apoyo especial para los que no teníamos a nadie que nos representara. Nos dijo que los sobrevivientes se estaban reuniendo en el ala sur del aeropuerto. Debíamos esperar ahí, pues como era víspera de Año Nuevo, la posibilidad de conseguir un vuelo era casi imposible.

Dany y yo decidimos caminar hacia el lado de las aerolíneas en busca, primero que todo, de un sitio de Internet para avisar a Colombia que estábamos vivos. Desde que llegamos a Krabi buscábamos un computador, pero no encontramos ninguno en el camino, ni siquiera en el aeropuerto de Surat Thani. Habían pasado casi cuatro días del tsunami y no habíamos podido avisarle a la familia. Aún no sabían nada de nuestra suerte. Cómo habrá sido de angustiante para ellos el no tener ni idea de si estábamos vivos, ni de dónde buscarnos. ¡Nadie quisiera estar en esa situación! Al no saber nada de nosotros, ellos estaban viviendo su propio 'tsunami', especialmente mi Juanito.

18.
El 'tsunami' de Juanito

"La desesperación dice:
"Corre y haz algo".

La angustia dice:
"Todo está perdido".

Pero la fe y la confianza dicen:
"Espera y confía en Dios".

Encontramos el sitio de Internet que nos indicó el guardia. Nos acomodamos en la desordenada fila detrás de unas 25 personas. Sentíamos ansiedad y excitación de poder recibir y dar noticias a Colombia y sobre todo, decirles que estábamos bien. Repentinamente, escuchamos al unísono unos gritos de jóvenes. Nos volteamos a mirar y ahí estaban, sonrientes y emocionadas, nuestras amigas: la colombiana, la japonesa, la suiza y la rumana. ¡Estaban vivas!

Salvo a la rumana -a quien habíamos perdido al llegar a Krabial resto las dábamos por muertas. Afortunadamente, si bien el agua del mar había entrado a su bungalow, las despertó y lograron escapar por las ventanas agarradas de las maderas del techo. El reencuentro en el aeropuerto fue de mucha alegría y abrazos que iban y venían. El grupo de amigos estaba vivo.

Ellas aún debían averiguar cómo regresar a sus casas. Nos comentaron que les habían ofrecido un refugio para pasar la noche por si no conseguían cupo en algún avión y nos invitaron en el caso de que nos dieran vuelo para el día siguiente. Entre abrazos y besos nos despedimos. Ellas debían asegurarse un tiquete de avión y aunque nosotros también, queríamos avisarle antes a Juanito que estábamos vivos.

Llegó nuestro turno de Internet. La ansiedad de escribir que nos habíamos salvado nos corroía el alma. Dany tomó el control del computador y yo me senté a su lado. Qué doloroso fue abrir el correo y encontrar más de 50 mensajes de Juanito. Había mensajes enviados cada media hora llenos de angustia e impotencia en los que nos pedía que le avisáramos si vivíamos todavía. Nos preguntaba si estábamos heridos y si necesitábamos algo. A medida que pasaba el tiempo y no obtenía respuesta, los correos reflejaban cómo el nivel de desesperación de mi hijo iba en aumento.

Nos pedía perdón y decía que se arrepentía hasta los huesos de no haber viajado con nosotros. Al mismo tiempo, yo agradecía hasta los huesos que no hubiera venido al paseo. Nos pedía perdón, una y otra vez. Pasaban las horas y los días e íbamos notando que sus mails ya no eran para nosotros, sino para Dios. Le escribía y le suplicaba que nos salvara. Prometía ser un mejor hijo y hermano, si Dios no lo dejaba "solo" y sin familia. A continuación transcribo algunos de los correos que nos envió mi hijo Juan Carlos desde Colombia al no tener noticias nuestras.

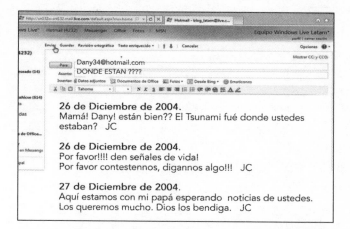

26 de Diciembre de 2004.
Mamá! Dany! están bien?? El Tsunami fué donde ustedes
estaban? JC

26 de Diciembre de 2004.
Por favor!!!! den señales de vida!
Por favor contestennos, digannos algo!!! JC

27 de Diciembre de 2004.
Aquí estamos con mi papá esperando noticias de ustedes.
Los queremos mucho. Dios los bendiga. JC

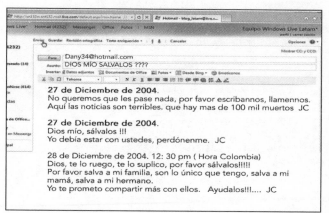

27 de Diciembre de 2004.
No queremos que les pase nada, por favor escribannos, llamennos.
Aquí las noticias son terribles. que hay mas de 100 mil muertos JC

27 de Diciembre de 2004.
Dios mío, sálvalos !!!
Yo debía estar con ustedes, perdónenme. JC

28 de Diciembre de 2004. 12: 30 pm (Hora Colombia)
Dios, te lo ruego, te lo suplico, por favor sálvalos!!!!!
Por favor salva a mi familia, son lo único que tengo, salva a mi
mamá, salva a mi hermano.
Yo te prometo compartir más con ellos. Ayudalos!!!.... JC

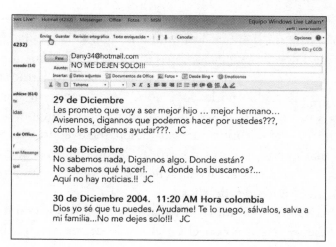

29 de Diciembre
Les prometo que voy a ser mejor hijo ... mejor hermano...
Avisennos, digannos que podemos hacer por ustedes???,
cómo les podemos ayudar???. JC

30 de Diciembre
No sabemos nada, Digannos algo. Donde están?
No sabemos qué hacer!. A donde los buscamos?...
Aquí no hay noticias.!! JC

30 de Diciembre 2004. 11:20 AM Hora colombia
Dios yo sé que tu puedes. Ayudame! Te lo ruego, sálvalos, salva a
mi familia...No me dejes solo!!! JC

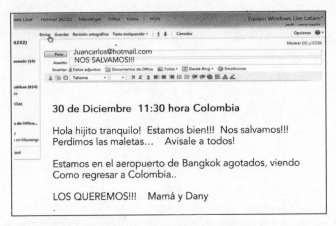

Para: Juancarlos@hotmail.com

Asunto: NOS SALVAMOS!!!

30 de Diciembre 11:30 hora Colombia

Hola hijito tranquilo! Estamos bien!!! Nos salvamos!!!
Perdimos las maletas…   Avisale a todos!

Estamos en el aeropuerto de Bangkok agotados, viendo
Como regresar a Colombia..

LOS QUEREMOS!!!   Mamá y Dany

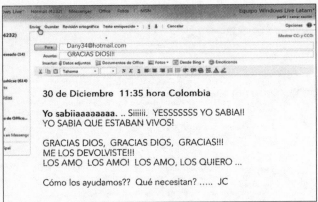

Para: Dany34@hotmail.com

Asunto: GRACIAS DIOS!!!

30 de Diciembre 11:35 hora Colombia

Yo sabiiaaaaaaaa. .. Siiiiii. YESSSSSSS YO SABIA!!
YO SABIA QUE ESTABAN VIVOS!

GRACIAS DIOS, GRACIAS DIOS, GRACIAS!!!
ME LOS DEVOLVISTE!!!
LOS AMO LOS AMO! LOS AMO, LOS QUIERO …

Cómo los ayudamos?? Qué necesitan? ….. JC

Leer las palabras de ese niño angustiado y con miedo a quedarse solo, para mí significó lo importante que es la familia. Pude
vivir su dolor, desesperación, incertidumbre y sufrimiento que
yo le quería evitar, no sé cómo, cuando estaba en la montaña.
Hubiera preferido vivirlo yo y no él. Podía sentir su angustia
al no saber nada de nosotros. Con el tiempo, comprendí que
es fundamental permitir que cada quien, incluyendo a nuestros
seres más queridos, vivan sus procesos, confiando en que ellos
tienen el potencial y las herramientas para sobrellevar sus propios
'tsunamis' y aprender de ellos.

Una vez en Colombia, el papá de mis hijos nos contó que
Juan Carlos se sentó con él en el borde de un andén a llorar

desconsolado temiendo no volver a vernos nunca más. Es que pasaban los días y no recibía noticias nuestras y lo único que sabía era que las islas de Tailandia, en donde Dany y yo estábamos, habían quedado devastadas. Desde que se enteró del 'tsunami', él mantenía la televisión prendida las 24 horas, pendiente de los noticieros.

Por momentos, Juan decía: "Me quedé solo. Están muertos ¿ahora qué voy a hacer?". Su papá le pedía que tuviera fe. "Yo siento que están vivos", le repetía. Sin embargo, Juan Carlos perdía y recuperaba la esperanza por momentos y continuaba enviándonos mensajes día y noche.

Lo único que yo quería era responderle inmediatamente que estábamos vivos y bien. Así lo hicimos y de manera instantánea nos respondió. En ese correo, lleno de alegría y emoción, gritaba: "GRACIAS, GRACIAS DIOS!!! Me los devolviste!!!".

Dany y yo nos abrazamos y dimos de nuevo gracias a Dios. No podíamos hablar, nuestras lágrimas no nos dejaban. No había palabras. El dolor de Juanito era el nuestro. Eso nos dio más fuerzas para continuar con nuestra búsqueda de cupos para regresar a Colombia. Nos decíamos: sólo confiemos, conseguiremos los tiquetes y saldremos de aquí como sea.

19.
Otra vez sin mi Dany

*"Es al separarse cuando se siente y
se comprende la fuerza con que se ama".*

Fiódor Dostoyevski

Una vez más recorríamos, de un lado a otro, ese aeropuerto tan grande. Íbamos por las distintas ventanillas de las aerolíneas en busca de dos pasajes que nos llevaran a Colombia. Finalmente, logramos conseguir cupos, pero, esta vez, en diferentes vuelos y rutas.

Yo no quería separarme de Dany. Hicimos lo posible para viajar juntos, pero fue infructuoso. A la cantidad de damnificados se les sumaban los turistas que viajaban en plena temporada alta. Pataleé para que Dany tomara el vuelo que salía primero, pues temía que hubiera otro terremoto. Igual, como siempre, terminé yo viajando primero porque Dany quería que estuviera a salvo.

A mí me tocaba viajar por la aerolínea Cathay Pacific a Hong Kong y de ahí a Los Ángeles, donde debía conseguir un cupo en algún avión que me llevara a mi país. Dany saldría 12 horas más tarde y su vuelo era vía Madrid. Él aprovecharía para pasar la noche en el refugio con sus amigas, aunque luego me contó que lo trasladaron a un templo budista a descansar unas horas hasta cuando fuera el momento de viajar.

Mientras esperábamos para que abordara mi avión, Dany me miró y me dijo: "Mami, ya puedes botar la botella". Todo ese tiempo había tenido en mis manos la botella de agua que me dieron en el barco cuando nos rescataron. Realmente esa botella representaba para mí algo así como un amuleto de regreso a la vida. Lo que me llamó la atención fue que conservé un poquito de agua que había dejado, "por si acaso". Pero ya no necesitaría la botella. Ya estaba a salvo, así que la boté a la basura.

Hasta último momento conservé la esperanza de regresar con Dany en el mismo vuelo, pero no fue posible. En contra de mi voluntad, entré a la sala VIP de la aerolínea, pues no lo quería abandonar. ¿Y si había una réplica del terremoto mientras él estuviera ahí? ¿Y si algo le ocurría? Eran algunas de las ideas que me atormentaban.

Separarme de él y haberlo dejado solo, me produjo dolor y miedo. Sentí, de nuevo, en cada célula de mi cuerpo, esa sensación de desgarro por dentro. En el fondo, yo confiaba en que Dany estaría bien y que no ocurriría otra tragedia. Sin embargo, permanecía en mí la sensación de quedar sola y abandonada.

Mi sensibilidad estaba a flor de piel. Tal era así que aunque parezca incomprensible, algo tan insignificante como llenar un formulario de migraciones me ocasionó un profundo llanto. Pues me di cuenta que no podía leer las letras tan pequeñas del documento y mucho menos diligenciarlo y me vi en la necesidad de pedir ayuda para que alguien lo hiciera por mí. No paraba de llorar. Sabía que mi angustia no era por necesitar gafas, sino porque era incapaz de seguir conteniendo el cúmulo de emociones que tenía por dentro.

20.

El ángel de Alaska

"La esencia del amor y la compasión es la comprensión y la habilidad de ponernos en la piel de los demás".

Thich Nhat Hanh

Viajé en la clase turista en uno de los últimos asientos del avión. Debía agradecer el lugar, pues algún pasajero cedió su cupo para los sobrevivientes del 'tsunami'. Una pantalla grande mostraba la ruta que iba haciendo la aeronave y la estimación del vuelo era de nueve horas. Tan pronto vi esa imagen del avión volando sobre el mar, no sé qué me pasó, pero, de un momento a otro, empecé a sentir un miedo horrible y desconocido, que nunca había sentido en mi vida. En ese vuelo supe lo que es un ataque de pánico.

Tenía la sensación de que el mar iba a subir hasta el avión y que nos íbamos a ahogar todos. Parece loco e imposible, pero sentía el peligro inminente de morir. Comencé a temblar, llorar y a tener dificultad para respirar, sin poder evitarlo y procurando que los demás pasajeros no se dieran cuenta. Algo en mi interior me decía que no debía alarmar a la gente. Me agarraba fuerte de los brazos del asiento. Sentía que me estaba saliendo de control.

Aunque quería disimular mi angustia, era tan evidente que, de pronto, sentí una mano sobre la mía. Era del señor que estaba sentado a mi lado, que me hacía señas de que respirara profundo. "Tranquila, tranquila, respire", me decía en inglés mientras que me acompañaba respirando junto a mí.

Se señalaba los ojos y me pedía que lo mirara. Estuvo un buen rato sosteniéndome la mirada hasta que me tranquilicé un poco. Durante el vuelo dejó su mano apoyada sobre la mía ya que yo no lograba sacar de mi mente la idea de que el mar llegaría hasta el avión. Esa idea era tan poderosa en mi cabeza, que me identifiqué con el pánico y prácticamente, me convertí en él.

El miedo se había apoderado de mí. Poder respirar profundo junto con el ángel me permitió volver al momento presente. Poner mi atención en mi respiración hizo que mi mente, invadida por ideas obsesivas, se aclarara. Para distraerme, el señor me contó que era de Alaska y otras cosas más, que no comprendí muy bien porque su inglés me resultaba difícil.

Fue una especie de ángel que me ayudó a recobrar poco a poco el sosiego. Sin embargo, la angustia regresaba y por momentos, me llegaban pensamientos recordando la experiencia vivida o sobre lo que podría suceder y me generaba mucho miedo.

El avión tenía el aire acondicionado encendido y mi ropa seguía siendo una camiseta, un pareo y unas sandalias, por lo que sentía muchísimo frío. Muy gentilmente, el señor de Alaska le pidió a la azafata una cobija para que me cubriera las piernas y pies, aunque no fue suficiente, pues pasé el viaje temblando de frío y miedo, sin dormir. El ángel de Alaska, pendiente de mí, tampoco logró descansar.

Por fin llegamos a Los Ángeles. No sé qué hora era, pero sí recuerdo que era la madrugada. Antes de salir del avión, abracé a mi angelito y le dije, no recuerdo cuántas veces, "Thank you".

Necesitaba agradecerle su compañía; no sé cómo hubiese sido ese viaje sin él.

Como era invierno en Estados Unidos, me acerqué a la azafata, le expliqué que era sobreviviente del 'tsunami' y le pregunté si podía llevarme la cobija conmigo. La azafata me dijo que debía pedirle autorización al supervisor. Sentí esa respuesta como un "no". Probablemente la azafata estaba cumpliendo con el procedimiento que le exigía la empresa y se olvidó del ser humano que tenía enfrente, desabrigada y necesitando un poco de compasión.

Fue tal la necesidad de cubrirme del frío que, tan pronto se descuidó, me amarré la cobija en la cintura, como lo hacían las tailandesas y salí rápidamente del avión. Esa cobija, que yo digo que "tomé prestada", la conservo junto con la llave N° 15 del bungalow. Para mí, más allá de significar calor, abrigo y protección, representa la humanidad que todos tenemos dentro.

Hoy me ayuda a recordar sentir al otro, tener empatía, compasión y generosidad por él, más allá de las normas o culturas establecidas. Cuántas veces no nos damos cuenta cómo un pequeño gesto de amabilidad, que muchas veces no cuesta nada, significa un montón para el otro. Ante las situaciones cotidianas, creo que vale la pena preguntarnos: ¿con quién me estoy identificando en mis actos: con el ángel de Alaska o con la azafata?

21.
Feliz reencuentro

"Cuanto más agradeces las cosas buenas que hay en la vida, más cosas que agradecer se te manifiestan".

Si bien era la madrugada, el aeropuerto de Los Ángeles estaba lleno de personas yendo y viniendo de un lado a otro. Yo debía caminar de una terminal del aeropuerto a otra en busca de mi próximo vuelo y el recorrido se extendía como dos cuadras a la intemperie. El frío de invierno era tenaz. Imagínense un 29 de diciembre en Los Ángeles. Menos mal que no cargaba maleta, lo que me permitía avanzar más rápido.

Al frío que sentía se le sumaba la aparente frialdad de las personas. Me impactaba ver cómo la gente en el aeropuerto seguía su vida como si nada. Era como si nadie se hubiera enterado de que un tsunami había arrasado con montones de vidas al otro lado del planeta. La globalización me parecía no tener efecto. Veía el contraste entre el dolor y la desolación de Asia y la "realidad" de la vida diaria de América.

Me acerqué a un señor de la aerolínea y le dije en spanglish: "Soy sobreviviente del 'tsunami' en Tailandia". Él me miró y respondió: "¿Cuál 'tsunami'?". Su respuesta me perturbó. ¿¿¿Cómo, cuál tsunami??? "El tsunami en el que murieron más de 100,000 personas y yo me salvé. Mire cómo estoy vestida. No tengo ni maleta ni nada. Necesito que me ayude a regresar a Colombia. Mi vuelo de regreso, el inicialmente programado, era para el 16 de enero. Por favor, busque y verá que yo estoy ahí", le decía con gran esfuerzo por hacerme entender.

El señor me miraba, pero no entendía lo que le decía. En un papel le escribí mi nombre y se lo mostré. De la desesperación y el cansancio me salió desde lo más profundo: "I WANT TO GO HOME!!!" (*Quiero ir a casa*) y me derrumbé en llanto.

Sin emitir sonido, el señor fue al computador y comenzó a buscar en el sistema mi nombre. Al rato regresó y me dijo: "El avión para Bogotá sale en tres horas. Aguarde en la sala de espera" y me dio un tiquete. Entre lágrimas, con mi pasaje en la mano, sólo le decía: "Thank you. Thank you". Creo que, aunque no fue muy expresivo, el señor se conmovió.

El avión se demoró en salir cinco horas. Camino a la sala de embarque vi algunas tiendas abiertas. Recuerdo haber observado unas chaquetas en promoción. Sinceramente, no sé cómo la pagué o si fue la señora del negocio la que me la regaló al verme tiritando de frío. Yo le conté que había sobrevivido al 'tsunami' de Tailandia y creo que se solidarizó dándome una chaqueta color beige aterciopelada, que aunque me quedaba grande, fue suficiente para cubrirme.

Esa misma chaqueta, tres años después, un día lluvioso y frío en Bogotá, terminaría abrigando a un joven de no más de 18 años. Yo iba manejando mi camioneta cuando se cruzó por delante con su torso desnudo, sus pies descalzos y su pantalón sucio. Tenía cara de asustado y al parecer había pasado la noche en la calle. Automáticamente, sin siquiera dudarlo, frené y le entregué la chaqueta que reposaba a mi lado. Vaya a saber, en esta cadena de favores, en manos de quién estará hoy esa chaqueta. Seguro en manos de alguien que la necesita.

En el viaje a Bogotá no sentí frío, ni miedo. Fue un vuelo muy tranquilo. Finalmente, pisaría suelo colombiano la noche del 29 de diciembre. En el aeropuerto estaba mi familia esperándome. Yo no quería dejarme ver por nadie. Mi pinta era terrible. Estaba con el pareo, las sandalias, la cobija a la cintura, mi nueva chaqueta, el pelo crespo y ¡mi primera cana!

Cuando Juanito me vio, se me abalanzó. Me abrazaba y lloraba mientras exclamaba: "Gracias Dios". Mis familiares no paraban de abrazarme y lagrimear de la emoción. Sin embargo, yo estaba pasmada. No me salían lágrimas. Me sentía en paz.

Cuando llegué a mi apartamento, Juanito había colgado globos de colores y carteles hechos a mano por él que decían: "Bienvenida Mamá" y otros "Gracias Dios". Estaba mi papá, mis hermanos, mi empleada Ernestina, el padre de mis hijos y hasta su esposa, un gran ser humano, que siempre ha estado presente como parte de la familia. Celebramos y charlamos hasta que fui a descansar un poco, pero no pude dormir casi nada.

Los noticieros no dejaban de llamarme. Comencé a las 7 de la mañana atendiendo una llamada del periodista colombiano Félix de Bedout para su programa de radio. Luego me contactaron de RCN TV y Caracol TV para entrevistarme, aunque me negué rotundamente a darles la entrevista hasta no ir a la peluquería a taparme las canas y arreglarme el pelo y las uñas, pues yo sentía que estaba horrible.

La familia terminó de reunirse el 30 de diciembre en la noche cuando llegó Dany y lo fuimos a recibir al aeropuerto. Para su llegada las cámaras de televisión ya estaban ahí. Tengo imágenes de su reencuentro con la familia. A él no le importó su aspecto cuando llegó, pues tenía cara de cansancio y le faltaba el sueño.

La primera persona a la cual saludó fue a Juanito. Lo abrazó con una felicidad absoluta[12]. Luego, nos fuimos al apartamento

---

12. Expresión para decir que estaba tan feliz que no cabía tanta alegría en su cuerpo.

de nuevo a celebrar hasta la madrugada sin importarnos que al día siguiente, viajaríamos a una finca para recibir Año Nuevo todos juntos.

¡No tenía nada qué pedir para el nuevo año, solamente agradecer. Ver a mis hijos, mis hermanos, mi papá y mis amigos me hacía sentir una claridad infinita sobre el valor de contar con una familia unida, a salvo y feliz. Me invadía un inmenso sentimiento de paz y plenitud y no dejaba de pensar: "Gracias Dios por darme la oportunidad de volver a verlos, tocarlos, sentirlos y vivirlos. Gracias por estar viva". Aún hoy lo sigo repitiendo.

22.

Superando el `tsunami´

*"La diferencia entre dónde estuviste ayer y dónde
vas a estar mañana es lo que pienses, digas y hagas hoy".*

Pasaron los días y las semanas. A pesar de estar en casa sentía miedo
y dolor. Las caras de los niños muertos no dejaban de aparecer en
mi mente. Veía, especialmente, sus ojos medio abiertos y vidriosos.
Recordaba la fila de muertos envueltos en sábanas blancas sobre
la arena y a los sobrevivientes buscando a sus familiares entre los
escombros.

Pensaba en la cantidad de personas desaparecidas e imaginaba
a esos padres buscándolos. Qué duro debía ser no saber cuál fue
la suerte de sus hijos. ¿Lograrían esas madres tener paz mientras
durara la búsqueda? Me las imaginaba con un dolor tan grande,
mezcla de pérdida y esperanza, de esos que no dejan vivir completamente.

Me despertaba en la madrugada asustada al escuchar el llanto
desgarrador de la niña que fue separada de su madre por el señor

de los ojos amarillos. Todas las noches soñaba que la ola venía hacía mí y yo corría en cámara lenta, sin poder ir más rápido, hasta que el agua me alcanzaba. Me levantaba con la sensación de que me estaba ahogando y me costaba reiniciar la respiración. Eso me hacía revivir, una y otra vez, el 'tsunami' y la angustia del ahogo en la carrera hacia la montaña.

Otras noches veía muertos y personas pidiéndome ayuda y la impotencia me ganaba. Sentía culpa. Culpa de ver gente morir ante mis ojos. Culpa de no haber podido hacer más. Me recriminaba todo lo que debí haber hecho, aunque en el fondo sabía que hice lo mejor que pude. Sin embargo, internamente no me sentía tranquila. ¿Por qué había sido tan cobarde? Me recriminaba. Cómo me lastimaba a mí misma pensar así.

Muchas veces llegamos a creer que somos lo que pensamos, pero no lo somos. La mente es un excelente instrumento si la usamos correctamente, pero si lo hacemos de forma inadecuada se vuelve muy destructiva. En mi caso, me estaba aniquilando.

Necesitaba callar esa voz interior que tanto daño me hacía y para eso sentía que debía mantener mi mente ocupada. Esto hizo que los primeros días de enero regresara a la oficina. Pensaba que era lo mejor para mi proceso de "recuperación", pero mi reincorporación no fue paulatina.

Empecé a trabajar de sol a sol, me imponía proyectos y tareas adicionales para ocupar el tiempo y huirle al dolor y al miedo que me perseguían. No estaba lista para mirar de frente esos recuerdos y sentimientos. Necesitaba escudarme detrás de mis "obligaciones". Sin embargo, en la oficina me quedaba mirando hacia la nada por tiempos prolongados. Las imágenes del 'tsunami' y sus muertos seguían viniendo a mí continuamente, aunque me ocurría con más frecuencia cuando salía del trabajo y me encontraba sola y desocupada. Llegaba a casa manejando y no recordaba cómo lo había hecho, pues mi mente estaba en otra parte.

Evitaba estar sola porque tenía miedo a encontrarme conmigo misma y cuando estaba con gente me mostraba fuerte. Mis compañeros del trabajo y familiares me preguntaban dónde estaba cuando llegó el 'tsunami', cómo es que había corrido de la ola y había logrado regresar y yo lo contaba con risa, como si no hubiera sido importante para mí. Si me hubieran preguntado cómo estaba, cómo me había sentido y cómo continuaría ahora con mi vida, probablemente me hubiera desmoronado y no hubiera sabido qué responder ni cómo manejar mis emociones en ese momento.

Prefería, una vez más ser la "Super Mujer" y no soltar mis corazas por temor a parecer vulnerable, aunque por dentro me estaba muriendo y una sensación de vacío y soledad me acompañaba siempre. Seguía estancada y atrapada por mis pensamientos, sintiéndome interiormente como en un cuarto gris sin ventanas, lo que me imposibilitaba ver algún camino para salir de mi tristeza y aparente bienestar.

Las noticias comenzaban a decir que habían sido más de 200.000 los muertos. Al final era tan grande las pérdidas humanas y los desaparecidos, que resultaba difícil llevar la cuenta y los medios periodísticos se contradecían al difundir los datos. Todos me decían que era afortunada de haber vuelto con vida, pero yo no lograba sentirme tan afortunada y por el contrario, estaba triste y aislada.

No veía rumbo ni camino y tenía miedo de no saber qué hacer para recuperar mi alegría de vivir. Ya no quería sentirme como me sentía. Estaba hasta el cuello de pesadillas y sentimientos de impotencia. No recuerdo en qué momento, desde muy dentro de mí, sentí decir: "Dios, ¡ayúdame! Dame una pista. Quiero estar bien. Dime ¿Para qué quedé viva?".

Habían pasado tres meses de mi regreso y seguía sin ganas de salir de casa. No hacía más que ir al trabajo, ni siquiera sabía cómo se sentían Dany y Juanito porque yo estaba hundida en mi tristeza y confusión. Mis pensamientos iban y venían en mi mente. Las imágenes eran un círculo vicioso que me hacía daño.

Mis días pasaban sin pena ni gloria, hasta que un día leí en una revista que un alto porcentaje de los sobrevivientes del tsunami estaban internados en hospitales psiquiátricos. Pensar en ese destino fue como tocar fondo. Fue un instante, en el que conscientemente dije:"A mí no.Yo no terminaré así.Yo soy una persona alegre, fuerte y apasionada. Si me salvé, fue para algo".

Esa noticia fue el *click* que me hizo reaccionar. De golpe mi mente estaba en blanco y esos pensamientos repetitivos sobre lo que pasó y lo que podría haber pasado, sobre la culpa e impotencia que me hacían sentir oscura, aislada y miserable, desaparecieron.

Por un lado, el orgullo de la super Claudia nunca me hubiera permitido darme por vencida. Por el otro, había algo más grande que yo que no me permitía ser arrastrada por esos sentimientos. En un instante pensé:"No más. Hay que ir para adelante".Tan sólo decirlo hizo que se cortaran esas cadenas que me tenían amarrada. Pude sentir, de nuevo, mi pasión, mi fuerza y confianza. Estaba decidida a recuperar la "normalidad" de mi vida y terminar con los miedos, fobias y fantasmas que me acorralaban.

La clave fue que reconocí lo que me estaba pasando. Logré mirar a mis pensamientos de frente y aceptarlos. No se trata de pelear contra ellos, ninguna guerra ha dado buenos resultados. Como dice la frase:"Lo que resiste, persiste". Se trata de aceptar y soltar. No condenar ni juzgar lo que uno piensa, sino observarlo para poder "liberarse" de esos pensamientos que tanto sufrimiento e infelicidad causan.

Como era inicio de año y debía organizar la Convención de Ventas de 2005 de la empresa, me desafié a enfrentarme al mar haciendo el evento en una bellísima isla del Caribe colombiano. Para ir, debíamos tomar un avión hasta Cartagena y luego una lancha por dos horas y media hasta la isla.

Toda la vida me había gustado la playa, la brisa y el mar y no quería dejar de disfrutarlo, así que decidí enfrentar mi temor al mar. Admito que sentí muchísimo miedo en esa lancha. Me parecía que en cualquier momento iba a venir una ola gigante que acabaría con nosotros. Me agarraba de la barandilla de la lancha con todas mis fuerzas. Recuerdo que los dedos de las manos se me ponían morados y hasta se me hizo una ampolla en la mano.

Cerraba los ojos para calmar mis miedos, pero no me funcionaba. Los abría y seguía aterrorizada y hasta se me escapaban las lágrimas. Sin embargo, seguía en silencio, sin decirle nada a nadie. Sola lo lograría porque dentro de mí había una razón mayor para hacerlo. ¿Cómo temerle al mar que tanto me gustaba? No lo permitiría. Quería seguir viviendo y disfrutando todo, así costara lo que costara.

En esa lancha, íbamos unas 25 personas del equipo comercial de la empresa. Les pedí que no me hablaran para poder centrarme en mi mente. Por suerte, ellos cumplieron con mi pedido, de tal forma que yo iba diciéndome a mí misma: "Está todo bien. Nada va a pasar, acá no hay 'tsunamis'. El 'tsunami' ya pasó y yo lo superé. Ahora el mar está tranquilo". Me escuchaba decir que todo estaba en mi mente, que era mi recuerdo lo que me atemorizaba, pero que eso ya había pasado. "Estoy aquí y todo está en calma. A mí me gusta el mar, me fascina", me repetía interiormente. No sólo debía decírmelo sino que debía creérmelo y sentirlo, que fue lo que más me costó.

Finalmente, llegamos sanos a la isla. Creo que me salieron más canas, pero lo logré. Había podido estar con mi miedo y lo iba superando. Ese fue mi primer triunfo mental y comprobé que manejando las ideas en mi mente, podría lograr más cosas. En el viaje de vuelta descubrí que debía tener confianza. No se trataba de hacer fuerza, partir la barandilla de la lancha con mis manos ni sacarme ampollas, sino que debía fluir con la lancha y su movimiento, como si fuera una con ella y el mar, como cuando galopamos y acompañamos el movimiento del caballo.

Durante la Convención todo parecía andar bien, hasta que una noche me desperté medio ahogada. Abrí mis ojos y vi el mar a los pies de la cama. Compartía la habitación con una amiga conferencista, entonces le dije: "¡Se vino el mar!". Nos levantamos de la cama y al salir al pasillo el mar estaba entrando a las otras habitaciones. Era tan convincente lo que veía y decía, que mi amiga creyó que era verdad que la isla se estaba inundando y estaba tan asustada como yo.

La realidad es que yo estaba alucinando, como en el vuelo de regreso a Hong Kong, cuando creía que el mar llegaría hasta el avión. Por supuesto que todo estaba en mi cabeza, pero era demasiado fuerte, pues yo veía el agua sobre el baldosín. Comencé a evaluar en qué árbol subirme mientras seguía mirando hacia dónde correr para salvar a todos. Con mi compañera comenzamos a golpear las puertas de las habitaciones de la gente de la oficina, para despertarlos con mi cuento. Debíamos actuar rápido, me decía yo. No sabía si advertirles o preguntarles si es que el mar realmente estaba entrando o yo estaba delirando.

Si bien al escucharme, ellos me decían preocupados que todo estaba bien, fueron las palabras de un colega, que no se contagió de mi pánico, las que terminaron con mi alucinación. "Clau, estás viendo cosas que no son. Recuerda que estás segura en una isla de Colombia. Tranquila, ya lograste venir en la lancha, respira", me dijo.

El resto de los días la pasé muy bien, dejé de soñar y alucinar y hasta me metí al mar. Al principio, lo hice agarrada de un flotador y acompañada de alguien, como aprendiendo a nadar de nuevo.

Los viajes de trabajo en avión también me sirvieron para sanar la claustrofobia y angustia que me producía volver a volar. Había comenzado a tener dificultades para respirar, algo que nunca había sentido antes. Poco a poco, fui descubriendo que si hacía consciencia de mis pensamientos de miedo y los cambiaba por otros positivos, efectivamente, me tranquilizaba. El poder estaba en mi mente y en mis palabras. Entonces me decía: "Todo está bien, nada va a pasar. Este avión es seguro. Respira. Relájate", y lograba sentirme mucho mejor.

23.

El despertar

Señor,
haz de mí un instrumento de tu paz:
allí donde haya odio, que yo ponga el amor,
allí donde haya ofensa, que yo ponga el perdón;
allí donde haya discordia, que yo ponga la unión;
allí donde haya error, que yo ponga la verdad;
allí donde haya duda, que yo ponga la fe;
allí donde haya desesperación, que yo ponga la esperanza;
allí donde haya tinieblas, que yo ponga la luz;
allí donde haya tristeza, que yo ponga alegría.

Señor,
haz que yo busque:
consolar y no ser consolado,
comprender y no ser comprendido,
amar y no ser amado.

Porque:
dando es como se recibe,
olvidándose de sí es como uno se encuentra,
perdonando es como se recibe el perdón,
y muriendo es como se resucita a la Vida.

A los cuatro meses de mi regreso, estaba buscando unos documentos en una caja que contenía fotos de mi familia cuando, al lado de una carta que mi mamá (QEPD) me había escrito, me encontré con esta oración de San Francisco de Asís que ella siempre llevaba en su cartera, y a la que yo nunca le había dado importancia hasta ese entonces. Ella me inspiró con su oración preferida, y era como si me estuviera dando la respuesta que yo en ese momento necesitaba. Esta oración reflejaba lo que yo había sido y vivido en la montaña y se convirtió en mi guía para avanzar y ser quien quería ser.

Poco a poco se fueron distanciando las pesadillas del tsunami. Ir afrontando mis miedos y superando nuevos desafíos me permitieron retomar con más naturalidad mi rutina. Este proceso me llevó a cuestionarme a mí misma y me di cuenta que podía cambiar otros aspectos de mi vida que me harían ser una mejor profesional y persona. También empecé a mirar con nuevos ojos a mi entorno, y reconocí que había cosas que ya no quería. La vida que estaba llevando no me hacía completamente feliz.

Comencé a conectar lo vivido en la montaña con lo que ocurría alrededor mío y sentí que lo que estaba viviendo en Colombia ya no lo disfrutaba plenamente. Percibía que, en general, las personas actuaban con agresividad ante el desacuerdo y querían tener la razón y el control. Cuando no se alcanzaban los resultados esperados, observaba una marcada tendencia a encontrar excusas, a culpar a otros o a las circunstancias, en lugar de asumir la responsabilidad de los mismos.

Veía que el concepto de compartir era limitado, mientras que el de competir superaba al de cooperar. Escuchaba cómo muchos pasaban gran parte del tiempo dándole relevancia a lo que les faltaba, sin agradecer lo que tenían. Otros decían que lo que más les importaba era la familia, incluso así, yo me preguntaba si en realidad esas familias sentirían ser su prioridad.

También me cuestionaba cuántas veces las personas, sobre todo los corporativos, de una u otra forma, se olvidaban de crecer, vivir y disfrutar del día a día por estar tan obsesionados en ganar más dinero, títulos, poder y reputación. Veía que esto ocurría porque no confiaban en que podían triunfar simplemente siendo seres humanos integrales y actuando alineados con aquello que valoraban y predicaban.

Algo había cambiado dentro de mí, que me hacía consciente de esas falencias e inconsistencias del sistema. Lo observaba también en la mayoría de las empresas que declaraban en sus misiones, visiones y valores, que lo más importante eran sus personas, pero en la práctica no se comportaban acorde con esas declaraciones.

Sentía que todo era una farsa y que "la realidad" era lo que había vivido en la montaña de Phi Phi. La forma en que actuaban las personas no era más que el crudo reflejo de cómo lo hacía yo, en mayor o menor grado, tan sólo unos meses atrás.

Poder reflexionar sobre esto me hizo tomar conciencia de que debía seguir prestando mucha atención a la forma de pensar y comportarse de los demás y el efecto que estos generaban en mí, especialmente los que más me molestaban, porque tenía claro que eran los que más debía reconocer en mí para poder cambiarlos y continuar transformándome en un mejor ser humano. Las personas que me rodeaban eran como espejos, y por lo tanto, maestros para mí.

Haber vivido durante el tsunami el sentimiento de amor y entrega, la empatía más pura y la conexión más poderosa, me habían hecho despertar y ahora no sólo no encajaba en ese sistema, sino que tampoco quería que la frenética dinámica y formas corporativas y sociales me volvieran a dormir. Sentía el deseo de despertar a los demás, aunque debía entender que cada quien está en su proceso y que a su ritmo lo irían haciendo. Sabía que lo único que podía hacer era trabajar en mí.

Pensar en la montaña me hacía sentir, por momentos, bien, pero rápidamente volvía a la soledad y confusión. Me preguntaba: ¿será que necesitamos tsunamis gigantes para darnos cuenta del tesoro que somos y del valor de lo que tenemos? Y no escuchaba una respuesta. Si me había salvado era para algo, aunque aún no tenía muy en claro para qué.

Sabía cuál era el tesoro que había en mí, pues lo había visto y tenido en mis manos, pero ahora se me escurría entre los dedos. No podía retenerlo. Recordaba la sensación de servicio, amor y unidad que había vivido en la montaña, y el sentimiento de paz y plenitud cuando decidimos regresar a casa por nuestra cuenta, pero no lograba volver a sentirlos. Es que no se trata de conectarse con esas sensaciones a través de la mente, convirtiéndolos en pensamientos, sino simplemente experimentarlos porque en la práctica es que se siente el ser.

Pasó un tiempo hasta que me animé a contarle a mi hermana Adry lo que me estaba ocurriendo. La Super Claudia estaba triste, vacía y no se sentía feliz con la vida que llevaba. Me costaba admitírselo a los demás, pero así era. Poder decirlo me abrió una oportunidad: mi hermana me comentó de un taller sobre liderazgo personal que realizó una amiga y le cambió la vida.

Inmediatamente, la llamamos por teléfono y ella me envalentonó. "A partir de ese taller yo me siento plena, liviana y poderosa", me dijo. Inmediatamente, me identifiqué con sus palabras. Esas sensaciones eran las que yo había vivido en Tailandia y que no estaba pudiendo volver a sentir; así que a los tres días comencé el taller.

Esa experiencia me ayudó a recordar gradualmente el poder que había dentro de mí. No necesitaba un tsunami para sentirme plena, liviana y poderosa, podía sentirlo todos los días en cualquier lugar. Comprender que todo dependía de mí significaba que podía lograr cualquier cosa que me propusiera. Podía modular la vida que quería y tener resultados positivos en tanto pensara diferente y estuviera dispuesta a llevarlo a la acción, entonces decidí ponerlo a prueba una vez más.

Hacía tiempo que venía postergando un sueño, que para mí era imposible de alcanzar. Quería irme tres meses a estudiar inglés al exterior. Era algo que deseaba mucho, pero mi creencia de que era indispensable en la oficina no me permitía concretarlo. Ni se me pasaba por la cabeza que me darían permiso para hacerlo. Si bien soñaba con eso, cada vez que llegaba a mi mente la idea, inmediatamente me saboteaba: "Qué me van a dar permiso. Mucho menos me pagarían el tiquete y el curso de inglés". Entonces seguía con mi trabajo y aplazaba ese sueño.

Pues después del taller me dije: "Me voy a Cincinnati a estudiar inglés por tres meses". Estaba decidida. ¿Cómo lo haría? No sabía, pero me iba a ir. Estaba teniendo buenos resultados en la oficina en ese momento y era una carta que tenía a mi favor. Pensé que no debía dar tantas vueltas sino arriesgarme a pedir el permiso.

A los pocos días, estaba frente al presidente de la compañía diciéndole: "Me voy por tres meses a estudiar inglés a Cincinnati. Creo que, de esa forma, agregaré más valor a mi desempeño en el cargo. Cuento con que la empresa me pague los tiquetes, el valor del curso y me ayude con el 50% de la manutención y hospedaje". No sé de dónde saqué fuerzas, pero se lo dije con tanta determinación que su respuesta fue: "Y ¿cuándo te vas?". Muy segura le respondí que en dos semanas, que ya tenía todo organizado para que todo funcionara durante mi ausencia. Me miró y me dijo: "Ok, Claudia. Que te vaya bien. Cuenta con mi apoyo".

Salí saltando de esa oficina. No lo podía creer. Realmente me iba a estudiar inglés y, prácticamente, con todo pago. Ahora debía correr para organizar todo. Ese suceso me hizo dar cuenta que se trataba de declarar y sentir mi meta como realizada. Simplemente confié y todo fluyó, como cuando con Dany queríamos regresar a Colombia desde Tailandia y teníamos la certeza de estar en casa abrazando a los nuestros, sintiendo el objetivo como ya cumplido, aún estando allá. Una vez más, estaba aprendiendo a crear futuro en el presente. Esto ocurrió en agosto del 2004.

24.
Mi viaje interior

"No conozco un valor mayor que el necesario
para mirar dentro de uno mismo".

Osho

Había comenzado formalmente mi viaje interior. Debía estar abierta a mirarme, conocerme y aceptarme como ser humano para vivir de forma más consciente y equilibrada, entendiendo que lo que me ocurriera dependía de mí. Estaba decidida a cambiar y liderar mi vida de forma integral.

Autotransformarme y desarrollar mi potencial implicaba trabajar y reflexionar sobre mis creencias, hábitos y experiencias vividas. Ahora debería elegir qué quería soltar, conservar, aprender e incorporar. Sentía que hacer este viaje me permitiría ampliar mis perspectivas y horizontes, clarificar para qué estaba viva, y desarrollar y fortalecer mi espiritualidad para construir mi propia felicidad. Estaba en mí la responsabilidad de cambiar, crecer y, ante todo, decidir qué Claudia quería ser.

En busca de nuevas herramientas y técnicas de autoconocimiento, comencé a hacer cursos de yoga, practiqué meditación y realicé cuanto taller encontraba para trabajar sobre mí. Me certifiqué en sanación reconectiva y estudié programación neurolingüística (PNL), aceptología, filosofía, budismo, chamanismo, cristianismo y coaching, entre otros. Leí libros de grandes maestros y no había día en que no investigara y trabajara en mi forma de pensar, percibir, hablar y actuar. A grandes rasgos, en mi forma de ser.

También visité las pirámides de Egipto, estudié sus dioses y creencias, visité Machu Picchu en Perú, y conviví con comunidades indígenas en Colombia. Ir conociendo y aprendiendo sobre diferentes filosofías, culturas y sus sabios, me fue conectando con mi naturaleza humana y divina. A medida que iba profundizando, interactuando con otros y comprendiéndolos, lo hacía también conmigo.

Además, realicé el camino de Santiago de Compostela en España, que me hizo sentir una peregrina más. Son horas de caminar con uno y la naturaleza, allí se diluyen los pensamientos y aflora nuestra esencia pura. No importa a qué velocidad tú camines, cada uno hace su camino y lo importante es cómo vivimos cada paso que damos y cómo nos dejamos vivir por cada paso en la vida. En esa experiencia me encontré con personas dispuestas a entregarse sin condición y aunque cada uno va a su ritmo, nunca se camina sólo.

Me sentía como una niña exploradora, todo me daba curiosidad, todo me parecía nuevo y me sorprendía. Esas aventuras fascinantes me permitieron ir reseteando mi disco duro[13] al ser consciente de que estamos conectados y que, si bien aparentamos ser diferentes, todos somos uno con la vida y estamos en la misma búsqueda de ser felices y mejores seres humanos.

---

13. Cuando hablo del disco duro me refiero a todos los pensamientos, creencias, aprendizajes y experiencias, conscientes e inconscientes, que habitan en nuestra mente. Es el libreto que traemos de nuestra cultura, religión, medios de comunicación, escuela, historia, genética, etcétera.

Fui descubriendo que esta nueva Clau quería trabajar en lo que el tsunami le había mostrado. Y me venía esa paz, plenitud y alegría de vivir que había experimentado cuando curaba heridas y sentía a esas personas en la montaña. Para disfrutar de la vida necesitaba cultivar esa forma de entrega sin esperar nada a cambio.

Mi punto de partida consistió en hacerme muchas preguntas que me permitieran revisar mi manera de ser y actuar, consciente e inconsciente, en diferentes áreas de mi vida. Necesitaba respondérmelas siendo sincera conmigo misma. Cuanto más honesta fuera, más oportunidades de crecimiento y desarrollo tendría. Para poder cambiar debía reconocer, aceptar y soltar.

Admito que al principio me costó, pues me dolía aceptar varios de mis comportamientos, entre ellos, el querer tener la razón o interrumpir a la gente cuando hablaba. Lentamente pude lograr tener una mirada más neutral sobre mí, sin juzgarme; por el contrario, aprovechando mis errores para avanzar.

En busca de un punto de partida, me fui haciendo diferentes preguntas, que fui respondiendo poco a poco. Quería ser una mejor versión de Claudia en las diferentes áreas de mi vida y encontrar un balance entre todas ellas. Así, me fui preguntando:

¿Escucho y presto atención a lo que dice el otro, preservando mi necesidad de exponer lo que sé y de tener la razón?

¿Me veo y acepto como un ser lleno de recursos y posibilidades para lograr mis metas? ¿Me ocurre lo mismo con los demás?

¿Estoy abierta a recibir y aceptar las percepciones que otros tienen sobre mí?

¿Me hago cargo de las situaciones que me competen sin buscar culpables externos?

¿Me hago responsable del impacto que mis pensamientos, palabras y actos tienen en los resultados de los demás?

¿Entiendo y acepto otras miradas sobre un mismo tema y valoro la diversidad?

¿Genero relaciones basadas en la confianza en las cuales aprendo, crezco y me siento bien conmigo y con los otros?

¿Mantengo en armonía mi salud, mis finanzas, mi profesión, mi familia, mis relaciones y mi creatividad?

Estas fueron algunas de las preguntas que me fui haciendo. En la medida que iba respondiéndolas, me surgían más. "Pintaba" mis respuestas como si fueran un semáforo: verde cuando mi comportamiento se acercaba a un sí; amarillo cuando este se presentaba a veces sí y otras no; y rojo cuando mi actuar se aproximaba a un no. Por ejemplo, descubrí que no siempre estaba dispuesta a aceptar las percepciones que otros tenían sobre mí, entonces lo marqué con amarillo.

Responderme estas preguntas me confirmó que necesitaba modificar algunos de mis comportamientos y desarrollar nuevos hábitos. De acuerdo con mi semáforo, decidí empezar por trabajar mi escucha, que estaba en rojo. Quería mantener mi atención e interés mientras las personas se expresaran, y aceptar y tolerar que tuvieran opiniones diferentes a las mías. A la larga, sabía que esto iba a actuar positivamente sobre mis relaciones y otras áreas de mi vida.

Para poder cambiar este comportamiento, debía comprender qué me llevaba a actuar de esa forma. Detrás de cada actitud hay una emoción, creencia o pensamiento por descubrir. ¿Qué ocurría en mí que me impedía escuchar? Me llevó un tiempo entender que se trataba de una inconsciente y profunda inseguridad y baja autoestima personal. En este caso, yo era la líder, y tener la última palabra "me daba el poder" que necesitaba sentir para reconocerme a mí misma cuánto valía.

Mi trabajo y mi familia se convirtieron en mi campo de entrenamiento. Practicaba y practicaba. Todo el tiempo era ensayo y error. A veces sentía que nunca lo lograría. Después de una vida pensando, hablando y comportándome de una forma, cambiar los hábitos requería decisión, dedicación, constancia y la convicción de que los resultados serían extraordinarios.

Parte de mis creencias y hábitos provenían de mi infancia, por eso conectarme con mi niña interior también fue parte de mi viaje. Conversar con la Clau pequeña fue fantástico y me permitió ver cómo una parte de mi niña interior se sentía sola y asustada, haciendo que viviera dolores y miedos del pasado en mi presente. Experiencias en la escuela y, especialmente en mi casa, me habían marcado y se manifestaban, inconscientemente, en algunos comportamientos, emociones y actitudes de mi vida adulta que no me agregaban valor y me limitaban en el fluir con la vida.

Durante este proceso pude comprender que lo que hicieron o dijeron mis padres, hermanos, compañeros, profesores y demás personajes de mi infancia fue lo mejor en ese momento dado su nivel de consciencia, sin intención de lastimarme. Hoy les agradezco cada una de esas experiencias porque gracias a ellas me he convertido en el ser humano que soy.

Reconciliarme con mi niña, traerla conmigo al presente, perdonarme a mí misma y perdonar a los otros me permitió liberar, soltar y sanar cosas del pasado para alivianar el aquí y el ahora, creando un mejor futuro. Comprobé que el perdón produce milagros y aligera el equipaje emocional que cargamos con historias y creencias desde nuestra niñez, y luego lo corroboré al hacer *Un Curso de Milagros*.

Para mí, perdonar es un proceso de limpieza en el cual el perdón es como una escoba. En la medida en que vamos perdonando, vamos limpiando, despertando nuestra consciencia e iluminándonos. Aunque, al final, no hay nada qué perdonar realmente.

"En el momento en que usted de verdad perdona
ha recuperado el poder que estaba en su mente.
La mente no puede perdonar, sólo Usted puede.
Por eso Jesús dijo: 'Antes de entrar al templo, perdonen'".

Eckhart Tolle

25.
El renacer de Clau

*"Hay una fuerza motriz más poderosa que el vapor,
la electricidad y la energía atómica: la voluntad".*

Albert Einstein

Comenzaba a ver mis cambios personales y me entusiasmaba, aunque por momentos, mi autoexigencia hacía que no tolerara mis errores. En ocasiones, salía de reuniones molesta conmigo por haber fallado en mi escucha o por haber dicho cosas en forma reactiva. Me frustraba una y otra vez al ver que me equivocaba y sentía que tenía mucho qué modificar. Quería cambiar todo a la vez y eso hacía que fuera tanto el esfuerzo que, por instantes, quería dejar todo, abandonar el viaje y volver a mi comodidad de hacer las cosas como siempre las hice. Al fin y al cabo, había tenido una vida "exitosa".

Sin embargo, algo en mí me hacía ver que el éxito no era lo que me habían hecho creer que era. El éxito, para mí, ahora consistía en disfrutar el camino, cualquiera fuera el resultado; un éxito ligado a la satisfacción y la convicción profunda de la labor cumplida al ciento por ciento.

De todos modos, admito que a veces repetía los viejos y automáticos comportamientos aprendidos, hasta que una voz interior me recordaba quién había elegido ser y revivía la Clau que renació en la montaña, su felicidad y los resultados extraordinarios que había logrado. Así que, al día siguiente, continuaba practicando la escucha, la empatía, la tolerancia y aceptación hacia quienes eran diferentes a mí. De a poco fui comprendiendo que vivirlo como un proceso de aprendizaje diario, que duraría toda la vida, era la mejor forma de disfrutarlo.

El esfuerzo valía la pena y, con el tiempo, iba dejando de ser una carga. Comencé a dedicarme más a mí misma y eso me hacía sentir más tranquila, relajada y contenta. Paso a paso, iba fortaleciendo mis relaciones y logrando el balance que deseaba entre mi vida personal y profesional.

En la empresa, empecé a disfrutar mucho más lo que hacía y a tener resultados sobresalientes, y hasta me nominaron a "Empleada del año". Las cosas nos llegan en tanto trabajemos con gusto por ellas. Cuando recuerdo todo lo vivido, cada momento viene a mí con mucha claridad y las emociones de satisfacción, aún afloran.

En uno de esos tantos talleres que tomé encontré el coaching y me pareció un método vivencial fantástico para encontrar las respuestas a las preguntas que me hacía. El coaching me trajo el crudo y real encuentro conmigo misma, con mis creencias y paradigmas. Allí sentí desnudarme tal cual era y reconocer en mi ego la vulnerabilidad, así como mi grandísimo poder, fuerza y potencial.

Lo probé en carne propia y me funcionó. Ahora veía que esa herramienta me ayudaría a cumplir mi propósito de servicio hacia los demás al acompañarlos a alcanzar su desarrollo integral. Así que decidí certificarme como coach, pero no fue fácil. En la primera audición, me dijeron: "No estás lista. Mejora tu escucha y conexión con el otro".

¿Cómo que no estaba lista después de tanta dedicación? ¿Cómo que no tenía conexión con el otro? Eso sí que me dolió. Mi ego estaba completamente herido y más aún viendo a varias de mis compañeras certificándose. ¿Qué me había faltado? ¿Cómo fue que no había podido? Sin embargo, ese duro golpe fue lo mejor que me pudo haber pasado porque luego comprendí, entre otras cosas, que tenía derecho a equivocarme, que no era infalible, que mi valor como ser humano no lo califican mis logros académicos, económicos o profesionales.

Me había faltado entender que cada persona vive su propio proceso y tiene las respuestas dentro de sí. Como coach debía confiar en el potencial del otro y evitar darle las soluciones, creyendo que eso lo ayudaría. Por el contrario, debía confiar en su grandeza y soltar el resultado de lo que yo quería que pasara durante una conversación de coaching. Mi foco no debía estar en ganar el examen, sino en ser un instrumento para que la persona se reconociera, encontrara herramientas, respuestas y nuevas perspectivas, y se comprometiera a actuar en pro de su cambio y transformación. En tanto yo lograra eso, pasaría la audición.

Luego de seis meses me volví a presentar para certificarme. Esta vez era diferente, pues yo quería disfrutar el momento, sentir a ese otro y acompañarlo en su proceso. Fui confiando en que lo que ocurriera en la audición sería perfecto, y que durante la sesión de coaching, yo no iba a darle la solución al cliente, sino que él la encontraría y que eso sería lo mejor para ambos.

Al terminar la evaluación, me dijeron: "¡Estás lista! Te certificamos como Coach de Esencia Profesional. ¡Felicitaciones!". Qué felicidad y qué satisfacción tan grande. Por primera vez, estaba obteniendo un reconocimiento que me llenaba enormemente y que estaba fuera del libreto profesional que tuve siempre en mi cabeza. Certificarme como coach significó, para mí, un paso más hacia mi evolución como ser humano. Recién estaba iniciando el camino que hoy sigo recorriendo al vivir a diario mi propósito de inspirar y acompañar a los demás en el despertar de sus conciencias.

Aún sigo aprendiendo y disfrutando de este fascinante viaje en el que estoy constantemente descubriendo y recreando quién soy. Así seguiré hasta el final de mis días, reafirmando mi razón de ser, mi poder interior y pasión por la vida, y sintiendo la magia de vivir y de servir.

26.
Mi fórmula del liderazgo transformador

"Hay dos formas de vivir la vida, una como si nada fuese un milagro y la otra como si todo fuese un milagro".

Albert Einstein

Una noche un anciano de una tribu indígena americana le contó a su nieto que dentro de sí mismo se desarrollaba una lucha constante entre un lobo negro y uno blanco. "Uno actúa desde el miedo y eso lo hace desconfiado, mentiroso, arrogante, desagradecido, vanidoso, resentido, violento y vengativo. El otro actúa desde el amor y eso hace que sea agradecido, pacífico, dispuesto, humilde, generoso, compasivo y honesto", le explicó el anciano, mientras que el nieto lo miraba en silencio. Al cabo de unos segundos, el niño le preguntó a su abuelo: "¿Y qué lobo ganará?". Éste respondió: "El que yo elija alimentar". Yo también tengo mi lobo blanco y mi lobo negro conviviendo dentro de mí, y creo que todos los tenemos. Cuando actuamos desde el amor, respondiendo a emociones como la alegría y gratitud, entre otras, entonces nos comportamos como lo hace el lobo blanco, de forma agradecida, generosa y honesta. Ahora, cuando actuamos desde el miedo, y nos dejamos vencer por esas emociones como la ira, la culpa, el resentimiento y demás, terminamos siendo arrogantes, agresivos, desconfiados y controladores.

Fue a partir de mi regreso de Phi Phi que comencé a reconocer de forma consciente que cuando actuaba desde el lobo blanco me sentía grande, feliz y en paz, y que esa sensación no sólo me invadía a mí, sino que también veía que impactaba a las personas que me rodeaban. En cambio, cuando permitía que el lobo negro predominara dentro de mí, veía que mis resultados no eran los mismos; por el contrario, me sentía triste, enojada y, muchas veces culpable por la forma en que me había comportado, y veía cómo esta afectaba también a los demás.

Entonces comencé a preguntarme: ¿cómo podría lograr que fuera siempre el lobo blanco el que prevaleciera en mí? La respuesta fue sencilla de descifrar, pero llevarla a la práctica requeriría decisión y fuerza de voluntad: debería tomar consciencia de qué respuesta quería dar frente a cada circunstancia que se me presentara en la vida, más allá de lo que estuviese ocurriendo.

¿Qué significa esto? Que sin importar lo que estuviera sucediendo, yo siempre elegiría responder desde el lobo del amor, porque esa era la única forma de alcanzar esa paz, bienestar y plenitud que conocí en la montaña y que ahora quería conservar en todo momento.

Si bien no puedo controlar muchas de las cosas que ocurren -como que durante mis vacaciones hubiera un tsunami -, yo sí puedo elegir qué respuesta dar frente a aquellos acontecimientos, y de eso depende gran parte de mis resultados.

Para explicarlo mejor, les compartiré mi fórmula que empecé a aplicar en las diferentes circunstancias que se me presentaban y me ha funcionado: $R x R = R^2$

Fórmula de liderazgo transformador

La primera R se refiere a la "Realidad", que son los hechos que suceden como puede ser un tsunami, una enfermedad, la pérdida de un ser querido, algún desafío laboral, el tráfico pesado, o que nuestra pareja decida terminar la relación. Al ser situaciones que no, necesariamente, dependen directamente de nosotros, no podemos cambiarlas. Lo que sí podemos hacer es pensar, sentir y actuar frente a esa Realidad.

El signo X[14] se refiere a "Nuestra libertad de elegir a conciencia". En todo momento estamos eligiendo qué pensar, qué decir o qué hacer, aún cuando elijamos no hacer o decir nada. Si bien esto lo hacemos según nuestras creencias, experiencias vividas, perspectivas y emociones, la clave está en elegir a conciencia.

$$R \times R = R^2$$

La segunda R se refiere a la "Respuesta" que nosotros elegimos dar frente a esa Realidad, en términos de actuar, hablar, pensar y sentir. Esa Respuesta refleja quiénes estamos siendo o, retomando la historia del abuelo, qué lobo estamos alimentando.

La R^2 se refiere al "Resultado" que obtenemos a partir de esa Realidad y de nuestra Respuesta. Y es Nuestra libertad de elegir a conciencia qué Respuesta dar frente a la Realidad la que hace que el Resultado se potencie siendo Extraordinario.

14.   La X representa al signo de multiplicación.

Si bien es nuestra Respuesta la que definirá el Resultado que obtendremos, el secreto está en la X, Nuestra libertad de elegir a conciencia esa respuesta que vamos a dar frente a las circunstancias. Actuar de forma consciente frente a lo que nos sucede nos acerca a obtener los resultados satisfactorios que deseamos. Sin embargo, ¿cuántas veces respondemos realmente de manera consciente?

Muchas veces permitimos que la primera emoción que nos invade dirija nuestras elecciones, sin ni siquiera darnos la oportunidad de elegir a conciencia cómo queremos actuar. Dejar de dar respuestas reactivas es un verdadero reto para todos. En general, luego de reaccionar desde la rabia, el dolor o la envidia nos arrepentimos y nos sentimos culpables de cómo respondimos. Piensa en esto: si en vez de actuar de forma automática, identificaras eso que primero sientes y eligieras responder de manera consciente más allá de la emoción ¿qué sería diferente en tu Resultado?

Siempre tenemos la oportunidad de tomar las riendas de nuestra vida y elegir qué lobo alimentar en cada momento. ¿Quién quiero ser yo: el miedoso o el amoroso; el ingrato o el agradecido; el humilde o el arrogante; el violento o el pacífico? Ahora tú y yo somos los líderes, quienes elegimos qué parte de nosotros sacar a la luz frente a cada circunstancia. Si bien no podemos controlar muchas de las cosas que ocurren a nuestro alrededor, sí podemos elegir qué pensar, quiénes ser y cómo actuar frente a ello, y es esa elección la que determina nuestro destino.

La fórmula que les compartí muestra la gran responsabilidad que tenemos al elegir cómo responder en el día a día. ¿Queremos ser víctimas o líderes de lo que nos ocurre? Podemos ser creadores de los Resultados. Llevar a la práctica esta metodología hace que, en vez de que echemos culpas a terceros, nos convirtamos en protagonistas, reconociendo que, en gran parte, es nuestra Respuesta la que definirá el Resultado. Esto pasa hasta en las más simples situaciones cotidianas, como el mojarse porque llueve y no porque no llevamos paraguas. Entonces, ¿nos asumimos como indios o le entregamos el poder a la flecha?

Reconocernos como indios o líderes de nuestra vida, nos permite ser conscientes de nuestras elecciones. La mejor Respuesta que podemos dar es aquella que nos acerca al Resultado deseado y para eso debemos definir qué Resultado queremos obtener.

Cuando no tenemos muy en claro cuál es este Resultado, lo mejor es preguntarnos: ¿Qué vale para mí? Reconocer aquello que tiene valor para nosotros es el primer paso para descubrir cuál será el GPS que guíe nuestras Respuestas. ¿Es la familia? ¿Es la abundancia? ¿Es el equilibrio en la vida? ¿Es la paz interior? ¿Es el reconocimiento? Sea lo que sea aquello que tú eliges valorar, ¿qué tan coherentes son tus Respuestas con eso que tanto valoras? ¿Estás obteniendo los Resultados que realmente quieres?

Durante mi viaje interior comprendí que si bien quería alcanzar esa paz y plenitud en cada decisión que tomara, mi estilo de vida no estaba alineado con lo que yo valoraba. Por ejemplo, para mí lo más importante eran mis hijos, sin embargo, por ocasiones vulneraba ese valor al no poder dedicarles la calidad de tiempo que quería, dejándome atrapar por las responsabilidades laborales. Poder ver otros aspectos en los que tampoco estaba siendo coherente me llevó a replantear mi forma de ser y de vivir.

Estaba comenzando a descubrir mi propósito de vida de inspirar y acompañar a otros a tomar conciencia de su grandeza y potencial como seres humanos para su felicidad. Mis Resultados deseados habían cambiado. ¿Qué significaba esto? Que ahora mis Respuestas también debían cambiar. ¿Cómo? Eligiendo todo aquello que más me acercara a ese propósito y renunciando a todo lo que me alejara de él. Así fue como abrí nuevos caminos, comencé a balancear mis tiempos en las diferentes áreas de mi vida y hasta renuncié a mi cargo de directora en la multinacional y a todo aquello que ya no me llenaba ni me hacía feliz.

Claro que alcanzar este compromiso conmigo misma implicó esfuerzo, paciencia y perseverancia. Tuve que desapegarme de muchas creencias, comportamientos, hábitos y costumbres que no me agregaban valor, por el contrario, me limitaban. Sin ir más lejos, dejar mi trabajo –que para mí significaba poder, título, reconocimiento, ingresos y "certeza" de lo que creía que podría pasar–, me costó mucha energía, tiempo y tranquilidad ya que me resistía a pensar que ahora mi propósito en la vida había cambiado. ¡Pero qué difícil aceptar la incertidumbre! Necesité aprender a confiar en mi voz interior, y soltar los miedos que tenía sobre lo que podría llegar a suceder como, por ejemplo, la idea de si lograría vivir o no de este nuevo proyecto. "Todo lo que ocurriría en mi nueva vida sería perfecto", me repetía una y otra vez.

Para poder avanzar, hay que soltar y alivianar el equipaje, un gran aprendizaje que me dejó la experiencia del tsunami cuando al querer escapar con las maletas casi me cuesta la vida y, por sobre todo, la de mi hijo. Así fue como comencé a cuestionar muchas de las creencias que estaban limitando mi proceso de soltar la Claudia controladora, impaciente y dueña de la razón en la que me había convertido, para ir transformándome en la Clau alegre, humilde, generosa y en paz que decidí ser.

Soy consciente de que siempre hay mucho trabajo por hacer, por eso aún sigo en ese proceso fascinante, en el cual todos los días elijo soltar; agradecer; amar y servir a los demás; aceptar y valorar lo que tengo y lo que soy; perdonarme y perdonar; renunciar a quejarme, a criticar, a culpar, a juzgar, y a querer tener el control y la razón. Así elijo liderarme para ser la mejor versión de la Clau que puedo ser, conmigo misma y con cada ser humano que se cruza en mi camino.

El mundo en el que yo deseo vivir, comienza por mí misma. Si quiero amor y paz en mi vida, entonces ¿qué mejor que dar amor y paz? Si quiero un mundo sin prejuicios ni juicios ni culpas, en lugar de esperar que cambien los demás, empiezo por mí. Te invito a imaginar un mundo sin miedos, odio, resentimiento, violencia física y emocional, ni hambre; en el que nos amemos los unos a los otros y sólo exista abundancia, armonía, alegría, generosidad, perdón, comprensión, honestidad, cooperación y convivencia pacífica… Ese mundo es posible y empieza por ti. Si tú cambias, cambian tus experiencias de vida y tu entorno. Si tú y yo cambiamos, cambia el mundo.

El creer que si yo cambio, cambiará el mundo, puede parecer loco e insignificante, pero estoy convencida de ello y de que mi elección será la de muchos. Todavía conservo la llave del bungalow de Phi Phi que me recuerda que, aunque parecía imposible sobrevivir a aquel tsunami, con Dany lo logramos. Para mí esa es la llave de las oportunidades que abre las puertas de lo posible. ¡Yo soy la llave!

Si tú reconoces y te convences del inmenso potencial y poder que hay en ti, podrás abrir la puerta que quieras y hacer posible lo que crees imposible. Te tienes a ti mismo con tu grandeza, valor, capacidad y valentía. Ser feliz depende de ti, porque son tus pensamientos los que determinan tu experiencia de vida. Tan sólo atrévete y lánzate a elegir, de forma consciente, ser la mejor versión de ti y disfruta el camino. ¡Tú eres la llave!

"Acepta lo que es.
Deja ir lo que era.
Ten fe en lo que será".

Empieza por ti

1. Toma conciencia de ti mismo, de quién eres y de lo que vales. *Renuncia a la idea de que eres y vales por tus posesiones, títulos, cargos, dinero, raza, religión y demás.*

2. Vive en "modo consciente". *Renuncia a actuar de forma automática y reactiva.*

3. Mantén presente lo verdaderamente importante para ti. *Renuncia a la idea de ir contra tus valores por mantener una imagen ante los demás.*

4. Encuentra el propósito de servicio en la actividad que realices, cualquiera que sea. *Renuncia a la idea de que algo de lo que hagas pueda carecer de sentido.*

5. Atrévete a soñar. Mantén tu meta clara, descubre su para qué y cómo impactará en tu vida y la de los demás. *Re-*

nuncia a la duda de qué hubiera pasado y a la incertidumbre de qué pasará.

6. Lánzate. Siente tu sueño como realizado, confía y enfócate en disfrutar el camino. *Renuncia a aferrarte a un resultado.*

7. Revisa aquello que haces o dejas de hacer que te está alejando de tu meta. *Renuncia a negar tus aspectos a desarrollar y los costos que estás pagando por la forma en que estás pensando, hablando y actuando.*

8. Mira el mundo desde los ojos de un eterno aprendiz y déjate sorprender por nuevas ideas, conceptos, posibilidades, aprendizajes y perspectivas. *Renuncia a la idea de que tú lo sabes todo.*

9. El aprendizaje adquiere vida y valor sólo si lo pones en acción. Comprométete a cambiar tus hábitos, empezando por uno: *Renuncia a la comodidad de lo conocido y al temor de lo nuevo.*

10. Anímate a hacer cosas de una forma diferente sin temor al qué dirán, a fracasar, a no ser reconocido. *Renuncia a la idea de que tu valor depende de los opiniones de los demás y de que el fracaso existe.*

11. Toma las riendas de tu vida. *Renuncia a responsabilizar a los demás de lo que te ocurre.*

12. Enfócate en lo que tienes, acéptalo, agradécelo y disfrútalo. *Renuncia a poner tu atención en lo que te falta.*

13. Permite el error, tuyo y de los demás, pues de los errores se obtienen los mayores aprendizajes. Sé compasivo contigo y así lo serás con los demás. *Renuncia a criticar, juzgar, culpar, condenar, castigar, burlarte y excluir.*

14. Ante las adversidades, dales la bienvenida y acéptalas como vienen. Pregúntate: ¿qué está en mis manos? Hazlo y el resto déjaselo a Dios. *Renuncia a resistirte, quejarte, controlar y victimizarte.*

15. Da lo mejor de ti y sé tu mejor versión. *Renuncia al perfeccionismo y al auto sabotaje.*

16. Disfruta del privilegio de dar sin condición. *Renuncia a esperar algo a cambio.*

17. Ábrete a recibir de los demás. Te lo mereces. *Renuncia a creer que recibir no es un acto de generosidad.*

18. Convive pacíficamente, coopera y sé respetuoso en la interacción. *Renuncia a toda forma de lucha y competencia insana. Reconoce que no sirven.*

19. Perdónate y perdona. ¡Libérate! *Renuncia a llevar sobre tus hombros esas cargas emocionales que obstruyen y dificultan tu camino.*

20. Amate a ti mismo. Acéptate y quiérete como eres, y repítete: ¡Me quiero! ¡Yo valgo! ¡Me apruebo! *Suelta la idea de no ser capaz, suficiente o merecedor.*

Tienes el poder de crear la vida que quieras porque dentro de ti hay un inmenso potencial, sólo basta tu intención clara y apertura hacia lo que venga. ¡Se vale la felicidad, abundancia y prosperidad para ti! Tú puedes y lo mereces. Tu felicidad está en tus manos y se encuentra al borde de una decisión: elegir vivir desde el Amor o desde el Miedo; desde la confianza o la descon- fianza; desde la abundancia o la escasez; desde la generosidad o el egoísmo; desde la aceptación o la resistencia; desde la gratitud o la ingratitud; desde la flexibilidad o la rigidez; desde la autoestima o el ego; desde el ser líder o el ser víctima. Sólo depende de ti. Sigue tu corazón. Elige, confía y fluye con la vida.

¡Tú eres la llave que abre las puertas de lo posible!

"Sé feliz más allá de las circunstancias".
Con todo mi amor,

Clau

Epílogo

El 'tsunami' de mi vida

Desde que tengo uso de razón, mis padres me enseñaron que como ser humano, debo resistirme a las adversidades y luchar con templanza para enfrentar los retos que me presenta la vida. Ni el dinero, ni el reconocimiento de las personas jamás podrán acercarse al sentimiento personal de haberlo intentado todo, de haber sentido que se hizo lo posible, así los resultados no hayan sido los esperados.

Este tipo de mensajes, que pasan de padres a hijos, de familia en familia y degeneración en generación, solamente se pueden experimentar realmente en situaciones extremas, en donde las palabras no son suficientes para enfrentar lo impensable, en donde lo que se aprendió queda en entredicho.

Cuando tenía 25 años de edad, tuve que enfrentarme, junto a mi madre, a uno de los desastres naturales más destructivos y aniquiladores de los últimos 100 años: el 26 de diciembre del 2004, una ola gigantesca producida por un fuerte choque entre dos placas tectónicas en algún lugar del Pacífico, golpeó sin ningún tipo de aviso o consideración a varios países del sureste asiático. El resultado: 280.000 personas entre muertas y desaparecidas en varios países, miles de kilómetros de costa arrasados, varios ecosistemas marinos casi destruidos y un sentimiento de devastación y profunda tristeza que duró meses y hasta años.

Recuerdo con profunda intensidad el momento que más marcó mi experiencia como sobreviviente del 'tsunami'. Instantes después de que la primera ola gigantesca golpeó con toda su fuerza la pequeña costa de la isla de Phi Phi, recuerdo que el caos rondó la isla y que el miedo colectivo logró apoderarse de muchas de las personas que estábamos presenciando el incontrolable poder de las aguas. Niños, ancianos y mujeres corrían por todas partes, sin entender nada de lo que ocurría. Hijos abnegados ayudaban a cargar a sus padres lacerados o muertos, grupos de amigos ayudaban a cargar a sus heridos y algunos rompían en llanto ante la desolación y la muerte de sus seres más queridos.

Muchas personas experimentaron lo que significa en realidad estar completamente sólo por unos instantes. La agonía de no tener idea sobre el paradero de un hermano, un amigo, un hijo o cualquier ser querido es algo que se extiende más allá de la palabra. Esa sensación dominó y determinó el actuar de muchas personas ese 26 de diciembre del 2004.

Las personas que quedaron vivas después de la primera ola gigante, instintivamente se concentraron en buscar altura y por tanto se dirigieron en su gran mayoría hacia las faldas de las empinadas colinas que decoraban el paisaje de la isla. Aquellos que se encontraban en buenas condiciones de salud ayudaron a los menos favorecidos a buscar una buena posición para enfrentar las olas que se aproximaban a toda velocidad para golpear la costa de la isla.

Durante unos momentos, solamente unos pocos, todas las personas que nos encontrábamos en esa zona de la isla, experimentamos la naturaleza inherente que tenemos todos los seres humanos por profesar amor y tolerancia por nuestro prójimo. Es como si hubiéramos hecho un pacto tácito por olvidar las reglas que nos hemos autoimpuesto durante décadas de educación social y hubiéramos decidido hacer caso a nuestro instinto natural de protección por el menos favorecido y del respeto por la vida propia y la de los demás. Acordamos de manera consciente y natural, pero sin pronunciar palabra alguna, protegernos y ayudarnos de manera que todos sin falta lográramos el único objetivo de vivir por unos instantes más en este planeta tierra. No hubo necesidad de firmar ningún contrato.

Por un pequeño instante, a nadie le importó ni la procedencia, ni la afiliación religiosa o sexual, ni tampoco el color de piel o la nacionalidad de las personas a las cuales se estaba intentando ayudar. La poca comida disponible se compartió, el agua se distribuyó de la manera más equitativa posible y los más fuertes instintivamente tomaron la iniciativa de proteger los intereses del grupo. No hubo discusiones sobre afiliación política, no hubo intervención mediática y claramente el lenguaje de la comprensión y el respeto por la vida del otro superó cualquier dificultad lingüística entre los presentes ese día; el mismo aprendí que la sensación de la presencia de otro ser humano en mi vida, es un milagro del universo.

Es por eso que siento que el aprendizaje que me quedó de tan abrumadora experiencia fue bastante personal. Quisiera poder redactar anécdotas sobre mi ayuda a salvar la vida de alguien, o cómo algún acto heroico de mi parte hizo la diferencia sobre la vida o la muerte de algún otro testigo del 'tsunami' en Tailandia. No puedo decir que haber estado cerca de la muerte transformó mi ser interior y que por eso he decidido dedicar mi vida a labores sociales, o soy un convencido de la lucha contra los sistemas corruptos y las reglas insensatas que la sociedad se ha inventado para dirigir nuestras vidas.

Lo único que puedo decir realmente, es que el 'tsunami' del 2004 me enseñó que la palabra presencia y la palabra familia son sinónimos. Entendí que mi madre y los miembros de mi familia son las personas más importantes en mi vida, pero no por lo que vivimos durante el 'tsunami', sino precisamente por todo lo que hemos vivido fuera de él. Le doy gracias a la vida por su existencia y porque seguimos teniendo la oportunidad de compartir momentos juntos.

Hemos aprendido a respetarnos y a entender que hacemos parte de un grupo enorme de personas que habitamos este lugar y que a ese sólo hecho nos debemos amor y tolerancia. Que amor es entender que somos diferentes por naturaleza pero que compartimos un lenguaje común. Ese lenguaje se expresa en su manera más inherente cuando está en nuestras manos servir a los demás. Servir y dignificarse también son sinónimos. Ojalá que no se nos vuelva a olvidar que los seres humanos no son lo que hacen, ni lo que tienen. Los seres humanos somos lo que logremos hacer por los demás.

Te amo con todo mi corazón mamá.

Daniel Argüelles Tangarife

El 'tsunami' de mi vida

Muy pocas veces me refiero a eventos pasados, más aún cuando estos traen consigo pensamientos inadecuados para la mente. Sin embargo, si lo hago, es con el objetivo estrictamente encaminado a traerlos al presente, sólo como un método más para la enseñanza, mi autoaprendizaje y el de los demás y solamente con el fin de estar en paz… en la paz de Dios.

Es por esto, que veo innecesario explicar y escribir los sentimientos y emociones que me generaron en dicho momento, como con el 'tsunami' que viví al sentir la pérdida de mi familia: mi madre y mi hermano Daniel en el 2004, pues son realmente claros. Todos hemos sentido en algún momento de nuestras vidas:

miedo, enojo, angustia, impotencia, desesperación, culpa, arrepentimiento, soledad y un dolor inmenso que no podía resistir.

Esto me hace pensar hoy, que entonces el 'tsunami' que vivieron mi mamá y mi hermano, es más bien el inicio de una forma nueva de pensamiento respecto a básicamente todo, afirmando así que ningún acontecimiento sucede al azar y que lógicamente lo que nos sucede tiene un propósito divino, aunque no lo entendamos al instante.

Por mi parte, el evento inexplicable fue el no haber abordado el avión, pensando así en algún tipo de pérdida u oportunidad de satisfacer, aprovechar y gozar lo que otros sí podían. Sin embargo, luego de otros acontecimientos desprendidos de esta experiencia, logré ver más profundamente cuál era el verdadero aprendizaje que tal situación quería revelarme.

El 'tsunami' de mi vida es un relato de una de las miles y tantas formas del curso universal, para encontrar un camino más allá de los acontecimientos y situaciones que dan la apariencia de suceder en el mundo y una manera más de mostrar un camino a nuestro interior, en donde todos tarde o temprano vamos a estar.

Es claro que a muy pocos de ustedes les ocurriría una situación ni parecida a esta, lo cual realmente no importa. Ahora, si buscas y examinas con detenimiento notarás que has experimentado cientos de 'tsunamis' en tu interior, pues para mí es claro que luego del 2004, los 'tsunamis' de mi vida siguieron ocurriendo, ya que lo único que cambiaba era su forma, lo que entró a mi conocimiento mucho después.

Por lo tanto, la esencia de este libro escrito por mi mamá, es que por medio de esta experiencia vivida por ella, inspira al cambio de un sistema falso de pensamiento, nacido de la escasez, la pérdida y el dolor, por un sistema de pensamiento que no es de este mundo; que es único: de unión, real, eterno en amor, dicha y paz.

Así que esta linda experiencia abrirá las puertas al amor, con el fin de promover en ti, un cambio interior que se vaya generando por medio de lo que llamarás, "El 'tsunami' de tu vida".

Cabe aclarar, lógicamente como lo escribía al inicio, que trato a conciencia, solamente de utilizar el pasado, con fines educativos para "el Ahora", por lo tanto, es para mí más que obvio, que el 'tsunami' que mi mamá vivió, está perfectamente iluminando y reflejando de muchas maneras directas, concretas y específicas a sus lectores en tiempo presente, gracias a la información aplicada y a las diferentes situaciones relatadas, como en mi experiencia ahora, donde para mí sus regalos como tutora, amiga, mamá, guía, maestra, o como quieras llamarlo, colaboraron para mi nueva percepción, hacia mi estado actual de paz y plenitud.

La experiencia y cambio de mentalidad, son solamente en vivencia e interpretación propia y por supuesto, que guiarán y serán una herramienta de ayuda y soporte a todos los que la lean, no solamente por el hecho de salvarse del 'tsunami' de 2004, sino por utilizar su experiencia para entregarla a los demás, como medio para estar en paz... en la paz de Dios.

Gracias mamita. Te ¡Amo!

Juan Carlos Argüelles Tangarife